中学校学習指導要領(平成 29 年告示)解説

音楽編

平成 29 年 7 月

文部科学省

まえがき

　文部科学省では，平成29年3月31日に学校教育法施行規則の一部改正と中学校学習指導要領の改訂を行った。新中学校学習指導要領等は平成33年度から全面的に実施することとし，平成30年度から一部を移行措置として先行して実施することとしている。

　今回の改訂は，平成28年12月の中央教育審議会答申を踏まえ，

① 　教育基本法，学校教育法などを踏まえ，これまでの我が国の学校教育の実績や蓄積を生かし，子供たちが未来社会を切り拓くための資質・能力を一層確実に育成することを目指すこと。その際，子供たちに求められる資質・能力とは何かを社会と共有し，連携する「社会に開かれた教育課程」を重視すること。

② 　知識及び技能の習得と思考力，判断力，表現力等の育成のバランスを重視する平成20年改訂の学習指導要領の枠組みや教育内容を維持した上で，知識の理解の質を更に高め，確かな学力を育成すること。

③ 　先行する特別教科化など道徳教育の充実や体験活動の重視，体育・健康に関する指導の充実により，豊かな心や健やかな体を育成すること。

を基本的なねらいとして行った。

　本書は，大綱的な基準である学習指導要領の記述の意味や解釈などの詳細について説明するために，文部科学省が作成するものであり，中学校学習指導要領第2章第5節「音楽」について，その改善の趣旨や内容を解説している。

　各学校においては，本書を御活用いただき，学習指導要領等についての理解を深め，創意工夫を生かした特色ある教育課程を編成・実施されるようお願いしたい。

　むすびに，本書「中学校学習指導要領解説音楽編」の作成に御協力くださった各位に対し，心から感謝の意を表する次第である。

　平成29年7月

　　　　　　　　　　　　　　　　　　　　文部科学省初等中等教育局長

　　　　　　　　　　　　　　　　　　　　　　　　髙　橋　道　和

目次

● **第1章 総　説** ……………………………………… 1
　1　改訂の経緯及び基本方針 …………………… 1
　2　音楽科改訂の趣旨及び要点 ………………… 6

● **第2章 音楽科の目標及び内容** ……………………… 9
　● 第1節　音楽科の目標 ……………………………… 9
　　1　教科の目標 ……………………………………… 9
　　2　学年の目標 ……………………………………… 17
　● 第2節　音楽科の内容 ……………………………… 21
　　1　内容の構成 ……………………………………… 22
　　2　各領域及び〔共通事項〕の内容 …………… 25

● **第3章 各学年の目標及び内容** ……………………… 35
　● 第1節　第1学年の目標と内容 …………………… 35
　　1　目　標 …………………………………………… 35
　　2　内　容 …………………………………………… 37
　● 第2節　第2学年及び第3学年の目標と内容 …… 66
　　1　目　標 …………………………………………… 66
　　2　内　容 …………………………………………… 68

● **第4章 指導計画の作成と内容の取扱い** ………… 92
　1　指導計画作成上の配慮事項 ………………… 92
　2　内容の取扱いと指導上の配慮事項 ………… 99

- 付録 …………………………………………… 121
  - 付録1：学校教育法施行規則（抄）………………… 122
  - 付録2：中学校学習指導要領　第1章　総則 …… 127
  - 付録3：中学校学習指導要領　第2章　第5節　音楽 … 134
  - 付録4：教科の目標，各学年の目標及び内容の系統表（中学校音楽科）… 140
  - 付録5：歌唱及び鑑賞共通教材一覧　……………… 144
  - 付録6：小学校学習指導要領　第2章　第6節　音楽 … 147
  - 付録7：教科の目標，各学年の目標及び内容の系統表（小学校音楽科）… 156
  - 付録8：中学校学習指導要領　第3章　特別の教科　道徳 … 160
  - 付録9：「道徳の内容」の学年段階・学校段階の一覧表 … 164

第1章　総説

● 1　改訂の経緯及び基本方針

(1) 改訂の経緯

　今の子供たちやこれから誕生する子供たちが，成人して社会で活躍する頃には，我が国は厳しい挑戦の時代を迎えていると予想される。生産年齢人口の減少，グローバル化の進展や絶え間ない技術革新等により，社会構造や雇用環境は大きく，また急速に変化しており，予測が困難な時代となっている。また，急激な少子高齢化が進む中で成熟社会を迎えた我が国にあっては，一人一人が持続可能な社会の担い手として，その多様性を原動力とし，質的な豊かさを伴った個人と社会の成長につながる新たな価値を生み出していくことが期待される。

　こうした変化の一つとして，人工知能（AI）の飛躍的な進化を挙げることができる。人工知能が自ら知識を概念的に理解し，思考し始めているとも言われ，雇用の在り方や学校において獲得する知識の意味にも大きな変化をもたらすのではないかとの予測も示されている。このことは同時に，人工知能がどれだけ進化し思考できるようになったとしても，その思考の目的を与えたり，目的のよさ・正しさ・美しさを判断したりできるのは人間の最も大きな強みであるということの再認識につながっている。

　このような時代にあって，学校教育には，子供たちが様々な変化に積極的に向き合い，他者と協働して課題を解決していくことや，様々な情報を見極め知識の概念的な理解を実現し情報を再構成するなどして新たな価値につなげていくこと，複雑な状況変化の中で目的を再構築することができるようにすることが求められている。

　このことは，本来，我が国の学校教育が大切にしてきたことであるものの，教師の世代交代が進むと同時に，学校内における教師の世代間のバランスが変化し，教育に関わる様々な経験や知見をどのように継承していくかが課題となり，また，子供たちを取り巻く環境の変化により学校が抱える課題も複雑化・困難化する中で，これまでどおり学校の工夫だけにその実現を委ねることは困難になってきている。

　こうした状況を踏まえ，平成26年11月には，文部科学大臣から新しい時代にふさわしい学習指導要領等の在り方について中央教育審議会に諮問を行った。中央教育審議会においては，2年1か月にわたる審議の末，平成28年12月21日に「幼稚園，小学校，中学校，高等学校及び特別支援学校の学習指導要領等の改善及び必要な方策等について（答申）」（以下「中央教育審議会答申」という。）を示した。

第1章
総説

　中央教育審議会答申においては，"よりよい学校教育を通じてよりよい社会を創る"という目標を学校と社会が共有し，連携・協働しながら，新しい時代に求められる資質・能力を子供たちに育む「社会に開かれた教育課程」の実現を目指し，学習指導要領等が，学校，家庭，地域の関係者が幅広く共有し活用できる「学びの地図」としての役割を果たすことができるよう，次の6点にわたってその枠組みを改善するとともに，各学校において教育課程を軸に学校教育の改善・充実の好循環を生み出す「カリキュラム・マネジメント」の実現を目指すことなどが求められた。

① 「何ができるようになるか」（育成を目指す資質・能力）
② 「何を学ぶか」（教科等を学ぶ意義と，教科等間・学校段階間のつながりを踏まえた教育課程の編成）
③ 「どのように学ぶか」（各教科等の指導計画の作成と実施，学習・指導の改善・充実）
④ 「子供一人一人の発達をどのように支援するか」（子供の発達を踏まえた指導）
⑤ 「何が身に付いたか」（学習評価の充実）
⑥ 「実施するために何が必要か」（学習指導要領等の理念を実現するために必要な方策）

　これを踏まえ，平成29年3月31日に学校教育法施行規則を改正するとともに，幼稚園教育要領，小学校学習指導要領及び中学校学習指導要領を公示した。小学校学習指導要領は，平成30年4月1日から第3学年及び第4学年において外国語活動を実施する等の円滑に移行するための措置（移行措置）を実施し，平成32年4月1日から全面実施することとしている。また，中学校学習指導要領は，平成30年4月1日から移行措置を実施し，平成33年4月1日から全面実施することとしている。

(2) 改訂の基本方針

　今回の改訂は中央教育審議会答申を踏まえ，次の基本方針に基づき行った。

① 今回の改訂の基本的な考え方

　ア　教育基本法，学校教育法などを踏まえ，これまでの我が国の学校教育の実践や蓄積を生かし，子供たちが未来社会を切り拓くための資質・能力を一層確実に育成することを目指す。その際，子供たちに求められる資質・能力とは何かを社会と共有し，連携する「社会に開かれた教育課程」を重視すること。

　イ　知識及び技能の習得と思考力，判断力，表現力等の育成のバランスを重視する平成20年改訂の学習指導要領の枠組みや教育内容を維持した上で，知識の理解の質を更に高め，確かな学力を育成すること。

ウ 先行する特別教科化など道徳教育の充実や体験活動の重視，体育・健康に関する指導の充実により，豊かな心や健やかな体を育成すること。

② 育成を目指す資質・能力の明確化

中央教育審議会答申においては，予測困難な社会の変化に主体的に関わり，感性を豊かに働かせながら，どのような未来を創っていくのか，どのように社会や人生をよりよいものにしていくのかという目的を自ら考え，自らの可能性を発揮し，よりよい社会と幸福な人生の創り手となる力を身に付けられるようにすることが重要であること，こうした力は全く新しい力ということではなく学校教育が長年その育成を目指してきた「生きる力」であることを改めて捉え直し，学校教育がしっかりとその強みを発揮できるようにしていくことが必要とされた。また，汎用的な能力の育成を重視する世界的な潮流を踏まえつつ，知識及び技能と思考力，判断力，表現力等をバランスよく育成してきた我が国の学校教育の蓄積を生かしていくことが重要とされた。

このため「生きる力」をより具体化し，教育課程全体を通して育成を目指す資質・能力を，ア「何を理解しているか，何ができるか（生きて働く「知識・技能」の習得）」，イ「理解していること・できることをどう使うか（未知の状況にも対応できる「思考力・判断力・表現力等」の育成）」，ウ「どのように社会・世界と関わり，よりよい人生を送るか（学びを人生や社会に生かそうとする「学びに向かう力・人間性等」の涵養）」の三つの柱に整理するとともに，各教科等の目標や内容についても，この三つの柱に基づく再整理を図るよう提言がなされた。

今回の改訂では，知・徳・体にわたる「生きる力」を子供たちに育むために「何のために学ぶのか」という各教科等を学ぶ意義を共有しながら，授業の創意工夫や教科書等の教材の改善を引き出していくことができるようにするため，全ての教科等の目標及び内容を「知識及び技能」，「思考力，判断力，表現力等」，「学びに向かう力，人間性等」の三つの柱で再整理した。

③ 「主体的・対話的で深い学び」の実現に向けた授業改善の推進

子供たちが，学習内容を人生や社会の在り方と結び付けて深く理解し，これからの時代に求められる資質・能力を身に付け，生涯にわたって能動的に学び続けることができるようにするためには，これまでの学校教育の蓄積を生かし，学習の質を一層高める授業改善の取組を活性化していくことが必要であり，我が国の優れた教育実践に見られる普遍的な視点である「主体的・対話的で深い学び」の実現に向けた授業改善（アクティブ・ラーニングの視点に立った授業改善）を推

第1章 総説

進することが求められる。

　今回の改訂では「主体的・対話的で深い学び」の実現に向けた授業改善を進める際の指導上の配慮事項を総則に記載するとともに，各教科等の「第3　指導計画の作成と内容の取扱い」において，単元や題材など内容や時間のまとまりを見通して，その中で育む資質・能力の育成に向けて，「主体的・対話的で深い学び」の実現に向けた授業改善を進めることを示した。

　その際，以下の6点に留意して取り組むことが重要である。

　ア　児童生徒に求められる資質・能力を育成することを目指した授業改善の取組は，既に小・中学校を中心に多くの実践が積み重ねられており，特に義務教育段階はこれまで地道に取り組まれ蓄積されてきた実践を否定し，全く異なる指導方法を導入しなければならないと捉える必要はないこと。

　イ　授業の方法や技術の改善のみを意図するものではなく，児童生徒に目指す資質・能力を育むために「主体的な学び」，「対話的な学び」，「深い学び」の視点で，授業改善を進めるものであること。

　ウ　各教科等において通常行われている学習活動（言語活動，観察・実験，問題解決的な学習など）の質を向上させることを主眼とするものであること。

　エ　1回1回の授業で全ての学びが実現されるものではなく，単元や題材など内容や時間のまとまりの中で，学習を見通し振り返る場面をどこに設定するか，グループなどで対話する場面をどこに設定するか，児童生徒が考える場面と教師が教える場面をどのように組み立てるかを考え，実現を図っていくものであること。

　オ　深い学びの鍵として「見方・考え方」を働かせることが重要になること。各教科等の「見方・考え方」は，「どのような視点で物事を捉え，どのような考え方で思考していくのか」というその教科等ならではの物事を捉える視点や考え方である。各教科等を学ぶ本質的な意義の中核をなすものであり，教科等の学習と社会をつなぐものであることから，児童生徒が学習や人生において「見方・考え方」を自在に働かせることができるようにすることにこそ，教師の専門性が発揮されることが求められること。

　カ　基礎的・基本的な知識及び技能の習得に課題がある場合には，その確実な習得を図ることを重視すること。

④ **各学校におけるカリキュラム・マネジメントの推進**

　各学校においては，教科等の目標や内容を見通し，特に学習の基盤となる資質・能力（言語能力，情報活用能力（情報モラルを含む。以下同じ。），問題発見・解決能力等）や現代的な諸課題に対応して求められる資質・能力の育成のた

めには,教科等横断的な学習を充実することや,「主体的・対話的で深い学び」の実現に向けた授業改善を,単元や題材など内容や時間のまとまりを見通して行うことが求められる。これらの取組の実現のためには,学校全体として,児童生徒や学校,地域の実態を適切に把握し,教育内容や時間の配分,必要な人的・物的体制の確保,教育課程の実施状況に基づく改善などを通して,教育活動の質を向上させ,学習の効果の最大化を図るカリキュラム・マネジメントに努めることが求められる。

このため総則において,「生徒や学校,地域の実態を適切に把握し,教育の目的や目標の実現に必要な教育の内容等を教科等横断的な視点で組み立てていくこと,教育課程の実施状況を評価してその改善を図っていくこと,教育課程の実施に必要な人的又は物的な体制を確保するとともにその改善を図っていくことなどを通して,教育課程に基づき組織的かつ計画的に各学校の教育活動の質の向上を図っていくこと(以下「カリキュラム・マネジメント」という。)に努める」ことについて新たに示した。

⑤ 教育内容の主な改善事項

このほか,言語能力の確実な育成,理数教育の充実,伝統や文化に関する教育の充実,体験活動の充実,外国語教育の充実などについて総則や各教科等において,その特質に応じて内容やその取扱いの充実を図った。

第1章
総　説

● 2　音楽科改訂の趣旨及び要点

　中央教育審議会答申においては，小学校，中学校及び高等学校を通じた音楽科の成果と課題について，次のように示されている。

○　音楽科，芸術科（音楽）においては，音楽のよさや楽しさを感じるとともに，思いや意図を持って表現したり味わって聴いたりする力を育成すること，音楽と生活との関わりに関心を持って，生涯にわたり音楽文化に親しむ態度を育むこと等に重点を置いて，その充実を図ってきたところである。

○　一方で，感性を働かせ，他者と協働しながら音楽表現を生み出したり，音楽を聴いてそのよさや価値等を考えたりしていくこと，我が国や郷土の伝統音楽に親しみ，よさを一層味わえるようにしていくこと，生活や社会における音や音楽の働き，音楽文化についての関心や理解を深めていくことについては，更なる充実が求められるところである。

○　今回の学習指導要領の改訂においては，これまでの成果を踏まえ，これらの課題に適切に対応できるよう改善を図っていくことが必要である。

　これらの成果と課題を踏まえた中学校音楽科の改訂の基本的な考え方は，次のとおりである。

・　感性を働かせて，他者と協働しながら，音楽表現を生み出したり音楽を聴いてそのよさや美しさなどを見いだしたりすることができるよう，内容の改善を図る。
・　音や音楽と自分との関わりを築いていけるよう，生活や社会の中の音や音楽の働き，音楽文化についての理解を深める学習の充実を図る。

(1) 目標の改善
① 教科の目標の改善

　音楽科で育成を目指す資質・能力を「生活や社会の中の音や音楽，音楽文化と豊かに関わる資質・能力」と規定し，「(1)知識及び技能」，「(2)思考力，判断力，表現力等」，「(3)学びに向かう力，人間性等」について示した。また，資質・能力の育成に当たっては，生徒が「音楽的な見方・考え方」を働かせて学習活動に取り組めるようにする必要があることを示した。このことによって，生徒が教科としての音楽を学ぶ意味を一層明確にした。

② 学年の目標の改善

従前,「(1)情意面や態度形成などに関する目標」,「(2)表現に関する目標」,「(3)鑑賞に関する目標」の三つで示していた学年の目標を,教科の目標の構造と合わせ,「(1)知識及び技能」,「(2)思考力,判断力,表現力等」,「(3)学びに向かう力,人間性等」の三つの柱で整理した。

(2) 内容構成の改善

「A表現」,「B鑑賞」の二つの領域及び〔共通事項〕で構成し,従前,「A表現」(「歌唱」,「器楽」,「創作」の三分野),「B鑑賞」において,「知識及び技能」,「思考力,判断力,表現力等」に係る内容を一体的に示していた各事項を,「A表現」では「知識」,「技能」,「思考力,判断力,表現力等」に,「B鑑賞」では「知識」,「思考力,判断力,表現力等」に分けて示した。これによって,指導すべき内容が一層明確になるようにした。

(3) 学習内容の改善・充実

① 「知識」及び「技能」に関する指導内容の明確化

中央教育審議会答申において,「学習内容を,三つの柱に沿って見直す」とされたことを踏まえ,三つの柱の一つである「知識及び技能」について,次のように改訂した。

「知識」に関する指導内容について,「曲想と音楽の構造との関わり」を理解することなどの具体的な内容を,歌唱,器楽,創作,鑑賞の領域や分野ごとに事項として示した。

「A表現」の「技能」に関する指導内容について,例えば,歌唱分野における「創意工夫を生かした表現で歌うために必要な発声,言葉の発音,身体の使い方などの技能」を身に付けることなどの具体的な内容を,歌唱,器楽,創作の分野ごとに事項として示した。そのことによって,音楽科における技能は,「思考力,判断力,表現力等」の育成と関わらせて習得できるようにすべき内容であることを明確にした。

② 鑑賞の指導内容の充実

中央教育審議会答申において,「生活や社会における音や音楽の働き,音楽文化についての関心や理解を深めていくことについて,更なる充実が求められる」とされたことを踏まえ,次のように改訂した。

「B鑑賞」に,「生活や社会における音楽の意味や役割」,「音楽表現の共通性や固有性」について考えることを事項として示した。

③ 〔共通事項〕の指導内容の改善

中央教育審議会答申において,「学習内容を,三つの柱に沿って見直す」とされたこと,「『見方・考え方』は,現行の学習指導要領において,小学校音楽科,中学校音楽科で示されている表現及び鑑賞に共通して働く資質・能力である〔共通事項〕とも深い関わりがある」とされたことなどを踏まえ,次のように改訂した。

従前の〔共通事項〕の趣旨を踏まえつつ,事項アを「思考力,判断力,表現力等」に関する資質・能力,事項イを「知識」に関する資質・能力として示した。

④ 言語活動の充実

中央教育審議会答申において,言語活動が「表現及び鑑賞を深めていく際に重要な活動である」とされたことを踏まえ,次のように改訂した。

他者と協働しながら,音楽表現を生み出したり音楽を聴いてそのよさや価値等を考えたりしていく学習の充実を図る観点から,「音や音楽及び言葉によるコミュニケーションを図り,音楽科の特質に応じた言語活動を適切に位置付けられるよう指導を工夫すること」を,「A表現」及び「B鑑賞」の指導に当たっての配慮事項として示した。

⑤ 歌唱教材及び器楽教材の選択の観点の改善

中央教育審議会答申において,「生活や社会における音や音楽の働き,音楽文化についての関心や理解を深めていくことについて,更なる充実が求められる」とされたことを踏まえ,次のように改訂した。

歌唱及び器楽の教材を選択する際の配慮事項として「生活や社会において音楽が果たしている役割が感じ取れるもの」を新たに示した。

⑥ 我が国や郷土の伝統音楽に関わる指導の充実

中央教育審議会答申において,「我が国や郷土の伝統音楽に親しみ,よさを一層味わえるようにしていくこと」の「更なる充実が求められる」とされたことを踏まえ,次のように改訂した。

歌唱や器楽の指導において,我が国の伝統的な歌唱や和楽器を扱う際の配慮事項として,「生徒が我が国や郷土の伝統音楽のよさを味わい,愛着をもつことができるよう工夫すること」を新たに示した。

第2章　音楽科の目標及び内容

第1節　音楽科の目標

1　教科の目標

> 　表現及び鑑賞の幅広い活動を通して，音楽的な見方・考え方を働かせ，生活や社会の中の音や音楽，音楽文化と豊かに関わる資質・能力を次のとおり育成することを目指す。
>
> (1) 曲想と音楽の構造や背景などとの関わり及び音楽の多様性について理解するとともに，創意工夫を生かした音楽表現をするために必要な技能を身に付けるようにする。
>
> (2) 音楽表現を創意工夫することや，音楽のよさや美しさを味わって聴くことができるようにする。
>
> (3) 音楽活動の楽しさを体験することを通して，音楽を愛好する心情を育むとともに，音楽に対する感性を豊かにし，音楽に親しんでいく態度を養い，豊かな情操を培う。

　ここでは，音楽科の教科の目標を示している。

　音楽科の教科の目標は，従前同様，**表現及び鑑賞の幅広い活動を通して**学習が行われることを前提とし，**音楽的な見方・考え方を働かせ**た学習活動によって，**生活や社会の中の音や音楽，音楽文化と豊かに関わる資質・能力**を育成することを目指すことである。その上で，育成を目指す資質・能力として(1)に「知識及び技能」の習得に関すること，(2)に「思考力，判断力，表現力等」の育成に関すること，(3)に「学びに向かう力，人間性等」の涵養に関することを示すことによって構成されている。

　従前の目標の文言やその趣旨が，今回改訂された目標ではどのように位置付けられているかについて，以下に示す。

従前の目標	改訂後の目標での位置付け
○表現及び鑑賞の幅広い活動を通して，	○従前同様，目標の文頭に位置付けている。
○音楽を愛好する心情を育てるとともに，音楽に対する感性を豊かにし，	○(3)（「学びに向かう力，人間性等」の涵養に関する目標）として位置付けている。

○音楽活動の基礎的な能力を伸ばし，	○従前示していた「音楽活動の基礎的な能力」については，(1)(「知識及び技能」の習得に関する目標)及び(2)(「思考力，判断力，表現力等」の育成に関する目標)として位置付け，その内容を示している。
○音楽文化についての理解を深め，	○音楽科で育成を目指す資質・能力を「生活や社会の中の音や音楽，音楽文化と豊かに関わる資質・能力」として目標の柱書に位置付けている。なお，各領域及び分野の指導事項において，「音楽文化についての理解を深め」るために必要な内容を位置付けている。
○豊かな情操を養う。	○(3)(「学びに向かう力，人間性等」の涵養に関する目標)として位置付けている。

表現及び鑑賞の幅広い活動とは，多様な音楽活動を行うことを意味している。我が国や郷土の伝統音楽を含む我が国及び諸外国の様々な音楽を教材として扱い，音楽の素材となる音に関心をもったり音楽の多様性を理解したりしながら，生徒一人一人の個性や興味・関心を生かした歌唱，器楽，創作，鑑賞の活動を行うことが重要である。

音楽的な見方・考え方とは，「音楽に対する感性を働かせ，音や音楽を，音楽を形づくっている要素とその働きの視点で捉え，自己のイメージや感情，生活や社会，伝統や文化などと関連付けること」であると考えられる。

「音楽に対する感性」とは，音や音楽のよさや美しさなどの質的な世界を価値あるものとして感じ取るときの心の働きを意味している。音楽科の学習は，生徒が音や音楽の存在に気付き，それらを主体的に捉えることによって成立する。生徒が，音楽を形づくっている要素の知覚・感受を支えとして自ら音や音楽を捉えていくとき，生徒の音楽に対する感性が働く。したがって，音楽に対する感性を働かせることによって音楽科の学習は成立し，その学習を積み重ねることによって音楽に対する感性は豊かになっていく。

「音や音楽を，音楽を形づくっている要素とその働きの視点で捉え」は，音や音楽を捉える視点を示している。音や音楽は，そこに鳴り響く音響そのものを対象と

して，音楽がどのように形づくられているか，また音楽をどのように感じ取るかを明らかにしていく過程を経ることによって捉えることができる。音楽科の学習では，このように音や音楽を捉えることが必要である。そして，その支えとなるものが，従前の〔共通事項〕ア「音色，リズム，速度，旋律，テクスチュア，強弱，形式，構成などの音楽を形づくっている要素や要素同士の関連を知覚し，それらの働きが生み出す特質や雰囲気を感受すること」である。

一方，音や音楽は，音響そのものとして存在するとともに，「自己のイメージや感情，生活や社会，伝統や文化など」との関わりの中で，人間にとって意味あるものとして存在している。したがって，音や音楽と音や音楽によって喚起される自己のイメージや感情との関わり，音や音楽と生活や社会との関わり，音や音楽と伝統や文化などの音楽の背景との関わりなどについて考えることによって，音楽表現を創意工夫したり音楽を解釈し評価したりするなどの学習は一層深まっていく。

このように，**音楽的な見方・考え方**は，音楽科の特質に応じた，物事を捉える視点や考え方であり，音楽科を学ぶ本質的な意義の中核をなすものである。

生徒が自ら，音楽に対する感性を働かせ，音や音楽を，音楽を形づくっている要素とその働きの視点で捉え，捉えたことと，自己のイメージや感情，生活や社会，伝統や文化などとを関連付けて考えているとき，音楽的な見方・考え方が働いている。音楽的な見方・考え方を働かせて学習をすることによって，実感を伴った理解による「知識」の習得，必要性の実感を伴う「技能」の習得，質の高い「思考力，判断力，表現力等」の育成，人生や社会において学びを生かそうとする意識をもった「学びに向かう力，人間性等」の涵養が実現する。このことによって，**生活や社会の中の音や音楽，音楽文化と豊かに関わる資質・能力**は育成されるのである。

なお，音楽的な見方・考え方は，音楽的な見方・考え方を働かせた音楽科の学習を積み重ねることによって広がったり深まったりするなどし，その後の人生においても生きて働くものとなる。

今回の改訂は，音楽的な見方・考え方を働かせることにより，音楽科における深い学びの視点から授業改善の一層の工夫がなされることを期待するものである。

生活や社会の中の音や音楽，音楽文化と豊かに関わる資質・能力とは，(1)，(2)，(3)を指す。

今回の改訂では，音楽科において育成を目指す資質・能力を，**生活や社会の中の音や音楽，音楽文化と豊かに関わる資質・能力**としている。

日々の生活やその生活を営む社会の中には，様々な音や音楽，音楽文化があり，人々の営みに直接，間接に影響を与えている。したがって，生活や社会の中の音や音楽，音楽文化と豊かに関わる資質・能力を育成することは，生徒がその後の人生

において，音や音楽，音楽文化と主体的に関わり，心豊かな生活を営むことにつながる。生活や社会の中の音や音楽，音楽文化との関わり方には，歌う，楽器を演奏する，音楽をつくる，聴くなど様々な形があるが，そのいずれもが音や音楽，音楽文化を知り，支えることとなり，生活の中の音や音楽の働きを自覚し，音楽文化を継承，発展，創造することにつながる。このようなことから，音楽科の学習によって育成する資質・能力を**生活や社会の中の音や音楽，音楽文化と豊かに関わる資質・能力**とし，その育成を目指すことを音楽科の目標とした。

　ここには，従前の目標で示していた「音楽文化についての理解を深め」ることの趣旨も含まれる。音楽文化と豊かに関わることができるようになるためには，音楽科の学習において，音楽文化についての理解を深めていくことが大切になる。また，グローバル化が益々進展するこれからの時代を生きる子供たちが，音楽を，人々の営みと共に生まれ，発展し，継承されてきた文化として捉え，我が国の音楽に愛着をもったり，我が国及び世界の様々な音楽文化を尊重したりできるようになることも大切である。これらのことは，自己及び日本人としてのアイデンティティーを確立することや，自分とは異なる文化的・歴史的背景をもつ音楽を大切にし，多様性を理解することにつながる。このような意味において，音楽文化についての理解を深めることは，本来，音楽科の重要なねらいであり，教科として音楽を学習する音楽科の性格を明確にするものである。

　したがって，曲や曲種について知っている事柄の量を増やすといったことだけではなく，様々な音楽がもつ固有の価値を尊重し，その多様性を理解できるように指導することが求められる。また，音によるコミュニケーションとしての音楽独自の特質を踏まえ，音や音楽によって，人は自己の心情をどのように表現してきたか，人と人とがどのように感情を伝え合い，共有し合ってきたかなどについて，生徒が実感できるように指導することも大切である。

　このような**生活や社会の中の音や音楽，音楽文化と豊かに関わる資質・能力**を育成するため，学習の過程では，生活や社会の中の音や音楽の働きの視点から，学んでいること，学んだことの意味や価値などを生徒が自覚できるよう指導をすることが大切である。その際，音楽科の学習が，その後の学習や生活とどのように関わり，どのような意味や価値をもつのかといったことに生徒が意識を向けることのできる場面を，指導の過程に適切に位置付けるなどの工夫が必要である。このことは，生徒が音楽科の学習の有用性を認識することにもつながっていく。

> (1) 曲想と音楽の構造や背景などとの関わり及び音楽の多様性について理解するとともに，創意工夫を生かした音楽表現をするために必要な技能を身に付けるようにする。

　(1)は，「知識及び技能」の習得に関する目標を示したものであり，**曲想と音楽の構造や背景などとの関わり及び音楽の多様性について理解する**ことが「知識」の習得に関すること，**創意工夫を生かした音楽表現をするために必要な技能を身に付ける**ことが「技能」の習得に関することである。

　曲想と音楽の構造や背景などとの関わりを理解するとは，その音楽固有の雰囲気や表情，味わいなどを感じ取りながら，自己のイメージや感情と音楽の構造や背景などとの関わりを捉え，理解することである。したがって，単に教材となる曲の形式などを覚えたり，曲が生まれた背景に関するエピソードなどを知ったりするのみでは，理解したことにはならないことに留意する必要がある。
　なお，**背景など**としているのは，歌唱分野における「歌詞の内容」も含んでいるからである。

　音楽の多様性について理解するとは，単に多くの音楽があることを知るだけではなく，人々の暮らしとともに音楽文化があり，そのことによって様々な特徴をもつ音楽が存在していることを理解することである。その理解は，自らの音楽に対する価値意識を広げ，人類の音楽文化の豊かさに気付き，尊重することにつながっていく。生徒が音楽の多様性を理解できるようにするためには，表現や鑑賞の活動を通して，個々の音楽の特徴を捉え，さらに複数の音楽を比較したり関連付けたりするなどして，それぞれの音楽の共通性や固有性を捉え，理解できるようにすることが大切である。その際，既習の音楽と関連付けたり複数の曲を教材にしたりして題材を構想するなどの工夫が必要である。

　音楽科における「知識」の習得に関する指導に当たっては，主に次の二点が重要である。一点目は，音楽を形づくっている要素などの働きについて実感を伴いながら理解し，表現や鑑賞などに生かすことができるようにすること，二点目は，音楽に関する歴史や文化的意義を，表現や鑑賞の活動を通して，自己との関わりの中で理解できるようにすることである。
　また「知識」は，学習の過程において生徒個々の感じ方や考え方等に応じ，既習の知識と新たに習得した知識等とが結び付くことによって再構築されていくものである。

このように習得された「知識」は，その後の学習や生活においても活用できるものとなる。したがって，「知識」の習得は，単に新たな事柄を知ることのみに留まるものではない。

創意工夫を生かした音楽表現をするために必要な技能とは，創意工夫の過程でもった音楽表現に対する思いや意図に応じて，その思いや意図を音楽で表現する際に自ら活用できる技能のことである。

ここでは，思いや意図をもった後に，創意工夫を生かした音楽表現をするために必要な技能を身に付けるといった一方向的なものではなく，創意工夫の過程で，様々に音楽表現を試しながら思いや意図を明確にしつつ，また技能も習得されていくというような指導が必要となる。

音楽科における「技能」の習得に関する指導に当たっては，一定の手順や段階を追って身に付けることができるようにするのみでなく，変化する状況や課題などに応じて主体的に活用できる技能として身に付けることができるようにすることが重要である。

> (2) 音楽表現を創意工夫することや，音楽のよさや美しさを味わって聴くことができるようにする。

(2)は，「思考力，判断力，表現力等」の育成に関する目標を示したものであり，**音楽表現を創意工夫すること**が表現領域に関すること，**音楽のよさや美しさを味わって聴くこと**が鑑賞領域に関することである。

音楽表現を創意工夫するとは，音や音楽に対する自己のイメージを膨らませたり他者のイメージに共感したりして，音楽を形づくっている要素の働かせ方などを試行錯誤しながら，表したい音楽表現について考え，どのように音楽で表現するかについて思いや意図をもつことである。また，思いや意図は，創意工夫の過程において，知識や技能を得たり生かしたりしながら，さらに深まったり新たな思いや意図となったりする。

音楽のよさや美しさを味わって聴くとは，曲想を感じ取りながら，音や音楽によって喚起された自己のイメージや感情を，音楽の構造や背景などと関わらせて捉え直し，その音楽の意味や価値などについて自分なりに評価しながら聴くことである。

音楽表現を創意工夫したり，音楽のよさや美しさを味わって聴いたりするためには，音楽を形づくっている要素や要素同士の関連を知覚し，それらが生み出す特質や雰囲気を感受しながら，知覚したことと感受したこととの関わりについて考えることが必要である。その過程においては，音や音楽及び言葉によるコミュニケーションを図り，音楽科の特質に応じた言語活動を適切に位置付けられるよう指導を工夫することが大切である。

> (3)　音楽活動の楽しさを体験することを通して，音楽を愛好する心情を育むとともに，音楽に対する感性を豊かにし，音楽に親しんでいく態度を養い，豊かな情操を培う。

　(3)は，「学びに向かう力，人間性等」の涵養(かん)に関する目標である。

　音楽活動の楽しさは，表現や鑑賞の活動に取り組む中で，イメージや感情が音楽によって喚起されるなどの情動の変化によってもたらされるものである。他者と一緒に歌ったり楽器を演奏したり音楽を聴いたりするときに楽しさを感じることがある。さらに，今まで知らなかった音楽に出会ったり，自分の演奏が聴き手に評価されたり，あるいは，音楽に対する感じ方が人によって多様であることを認識したりしたときなどにも一層の楽しさを感じることがある。
　音楽科の学習では，例えば，生徒が音楽表現に対する思いや意図をもって音楽で表したり，曲想と音楽の構造や背景などとを関わらせて味わって聴いたりすることによって，より深まった音楽活動の楽しさを体験できるようにすることが大切である。

　音楽を愛好する心情とは，生活に音楽を生かし，生涯にわたって音楽を愛好しようとする思いである。この思いは音楽のよさや美しさなどを感じ取ることによって形成される。そのためには，音楽が醸し出すよさや美しさなどが人々の感情に何をもたらすのか，ということに着目する必要がある。音楽活動によって生まれる楽しさや喜びを実感したり，曲想と音楽の構造との関わりや，背景となる風土，文化や歴史などを理解したりすることを通して，音楽についての認識を深めていくことが音楽を愛好する心情を育てていく。

　音楽に対する感性とは，音や音楽のよさや美しさなどの質的な世界を価値あるものとして感じ取るときの心の働きを意味している。音楽科の学習は，生徒が音や音

楽の存在に気付き，それらを主体的に捉えることによって成立する。例えば，三味線を用いた音楽とギターを用いた音楽について学習する場合，生徒が，三味線とギターとは異なる音色であることを知覚し，それぞれの特質や雰囲気を感受することは重要である。生徒が，音楽を形づくっている要素の知覚・感受を支えとして自ら音や音楽を捉えていくとき，生徒の音楽に対する感性が働く。こうした学習を積み重ねることによって，音楽に対する感性は豊かになり，「この音の方が自分にとって心地のよい音だ」，「この音楽の響きには豊かさが感じられる」，といった意味付けが確かなものになっていく。そして，生徒一人一人が音や音楽をそれぞれの感じ方で味わうことにつながっていく。

　このように，音楽に対する感性を豊かにしていくことは，音楽科の特質に関わる重要なねらいと言える。

　音楽に親しんでいく態度とは，音楽科の学習が基盤となって生涯にわたって音楽に親しみ，そのことが人間的成長の一側面となるような態度のことである。そのためには，生徒が進んで音楽に親しみ，音楽活動を楽しむとともに，生涯にわたって音や音楽への興味・関心をもち続け，それを更に高めていくための素地を育てていくことが求められる。

　豊かな情操を培うことは，一人一人の豊かな心を育てるという重要な意味をもっている。情操とは，美しいものや優れたものに接して感動する，情感豊かな心をいい，情緒などに比べて更に複雑な感情を指すものとされている。音楽によって培われる情操は，直接的には美的情操が最も深く関わっている。

　美的情操とは，例えば，音楽を聴いてこれを美しいと感じ，更に美しさを求めようとする柔らかな感性によって育てられる豊かな心のことである。このような美しさを受容し求める心は，美だけに限らずより善なるものや崇高なるものに対する心，すなわち，他の価値に対しても通じるものである。したがって，教科の目標では美的情操を培うことを中心にはするものの，「学びに向かう力，人間性等」の涵養(かん)を目指すことを踏まえ，ここでは，豊かな情操を培うことを示している。

2　学年の目標

(1) 学年の目標の構成

学年の目標は，教科の目標を踏まえ，生徒の発達の特性を考慮して，各学年とも下の表のように三つの項目を示している。

(1)は「知識及び技能」の習得に関する目標，(2)は「思考力，判断力，表現力等」の育成に関する目標，(3)は「学びに向かう力，人間性等」の涵養に関する目標である。

	第1学年	第2学年及び第3学年
知識及び技能	(1) 曲想と音楽の構造などとの関わり及び音楽の多様性について理解するとともに，創意工夫を生かした音楽表現をするために必要な歌唱，器楽，創作の技能を身に付けるようにする。	(1) 曲想と音楽の構造や背景などとの関わり及び音楽の多様性について理解するとともに，創意工夫を生かした音楽表現をするために必要な歌唱，器楽，創作の技能を身に付けるようにする。
思考力，判断力，表現力等	(2) 音楽表現を創意工夫することや，音楽を自分なりに評価しながらよさや美しさを味わって聴くことができるようにする。	(2) 曲にふさわしい音楽表現を創意工夫することや，音楽を評価しながらよさや美しさを味わって聴くことができるようにする。
学びに向かう力，人間性等	(3) 主体的・協働的に表現及び鑑賞の学習に取り組み，音楽活動の楽しさを体験することを通して，音楽文化に親しむとともに，音楽によって生活を明るく豊かなものにしていく態度を養う。	(3) 主体的・協働的に表現及び鑑賞の学習に取り組み，音楽活動の楽しさを体験することを通して，音楽文化に親しむとともに，音楽によって生活を明るく豊かなものにし，音楽に親しんでいく態度を養う。

第2学年及び第3学年は，生徒や学校の実態などに応じた弾力的な指導を効果的に進めることができるように，学年の目標及び内容をまとめて示している。第1学年から第3学年まで，表現及び鑑賞の幅広い活動を，継続的に深まりをもって行うことにより，音楽科で育成を目指す資質・能力が徐々に育まれていくという学習の特性を考慮し，それぞれの学年にふさわしい指導を工夫して目標の実現を目指す必要がある。

(2) 各学年の目標の趣旨
① 「知識及び技能」の習得に関する目標

第1学年	第2学年及び第3学年
(1) 曲想と音楽の構造などとの関わり及び音楽の多様性について理解するとともに，創意工夫を生かした音楽表現をするために必要な歌唱，器楽，創作の技能を身に付けるようにする。	(1) 曲想と音楽の構造や背景などとの関わり及び音楽の多様性について理解するとともに，創意工夫を生かした音楽表現をするために必要な歌唱，器楽，創作の技能を身に付けるようにする。

「知識及び技能」の習得に関する目標において，「知識」に関することには，第2学年及び第3学年に**背景**を加えて示している。

第1学年においても，例えば，歌唱において歌詞の内容について扱う際，その背景となる事柄を取り扱い，興味・関心がもてるようにしたり，歌詞の内容に対する理解を深めていったりするなどの学習活動を行うことは考えられる。しかし，そのことを曲想と関わらせて理解し，歌唱表現を創意工夫する際に生かすことができるようにすることは第2学年及び第3学年で行うこととしている。

「技能」に関することは，第1学年と第2学年及び第3学年において同様に示している。これは，第1学年と第2学年及び第3学年で求めている音楽表現の技能に関する目標の趣旨が同じであることを意味している。ここでの「技能」は，「創意工夫を生かした音楽表現をするために必要な技能」である。音楽表現の創意工夫は，新たな知識や技能を得たり生かしたりしながら行われるため，創意工夫の質的な高まりに応じて，おのずと第2学年及び第3学年では，第1学年より，求められる「技能」に高まりが生じる。したがって，第1学年と第2学年及び第3学年では，その文言は同様であっても，質的な高まりの差があることが含意されている。

② 「思考力，判断力，表現力等」の育成に関する目標

第1学年	第2学年及び第3学年
(2) 音楽表現を創意工夫することや，音楽を自分なりに評価しながらよさや美しさを味わって聴くことができるようにする。	(2) 曲にふさわしい音楽表現を創意工夫することや，音楽を評価しながらよさや美しさを味わって聴くことができるようにする。

「思考力，判断力，表現力等」の育成に関する目標において，表現領域に関することには，第2学年及び第3学年に**曲にふさわしい**を加えて示している。第1学年では，音楽を形づくっている要素を知覚・感受し，知覚と感受との関わりを考えながら，自分なりに創意工夫することを求めている。一方，第2学年及び第3学年で

は，多くの人が共通に感じ取れるような，その曲固有のよさや特徴などを捉え，他者と共有，共感しながら，音楽表現を創意工夫することを求めている。

鑑賞領域に関することは，第１学年で示している**自分なりに**を，第２学年及び第３学年では示していない。第１学年では，音楽を形づくっている要素を知覚・感受し，知覚と感受との関わりを考えながら，自分がどのように解釈し評価したのかを大切にした学習を求めている。一方，第２学年及び第３学年では，自分の解釈や評価のみに留まらず，多くの人が共通に感じ取れるような，その曲固有のよさや特徴などを捉え，他者と共有，共感することが大切である。その上で，例えば，その曲が長い歴史の中で多くの人に愛され，親しまれてきたことに思いを馳せるなどして，より深く味わって聴くことができるようにすることを求めている。

③ 「学びに向かう力，人間性等」の涵養に関する目標

第１学年	第２学年及び第３学年
(3) 主体的・協働的に表現及び鑑賞の学習に取り組み，音楽活動の楽しさを体験することを通して，音楽文化に親しむとともに，音楽によって生活を明るく豊かなものにしていく態度を養う。	(3) 主体的・協働的に表現及び鑑賞の学習に取り組み，音楽活動の楽しさを体験することを通して，音楽文化に親しむとともに，音楽によって生活を明るく豊かなものにし，音楽に親しんでいく態度を養う。

「学びに向かう力，人間性等」の涵養に関する目標は，教科の目標の(3)を踏まえ，**主体的・協働的に学習に取り組むこと**，音楽活動の楽しさを体験することを通して**音楽文化に親しむこと**，**音楽によって生活を明るく豊かなものにしていく態度**を養うことを示し，第２学年及び第３学年には**音楽に親しんでいく態度**を加えている。

主体的・協働的には，表現及び鑑賞の学習に取り組む姿勢，心構えなどを示している。従前，第１学年において「音や音楽への興味・関心を養い」，第２学年及び第３学年において「音や音楽への興味・関心を高め」と示していた。ここでは，興味・関心を養い，高めることによって，音楽科の学習に，また身の回りにある音や音楽に生徒が主体的に関わっていくことのできる態度の育成を目指しており，今回の改訂では，その趣旨を一層明確にした。また，**協働的**としているのは，音楽科の学習の多くが，他者との関わりの中で行われることを大切にしているからである。これまでも，合唱や合奏など，他者とともに一つの音楽表現をつくっていく体験を通して，イメージを伝え合ったり，協同する喜びを感じたりすることのできる指導を大切にしてきた。ここでの「協同」は，力を合わせて合唱や合奏によって一つの音楽表現をつくり上げることなどを指している。このことの成果を踏まえつつ，今回の改訂では，合唱や合奏などにおける「協同」に留まらず，表現及び鑑賞の学習

において，生徒一人一人が自らの考えを他者と交流したり，互いの気付きを共有し，感じ取ったことなどに共感したりしながら個々の学びを深め，音楽表現を生み出したり音楽を評価してよさや美しさを味わって聴いたりできるようにすることを重視し，**協働的**とした。

　例えば，合唱や合奏は，他者とともに一つの音楽表現をつくっていくが，そこには，音楽表現に対する思いや意図に基づく自己の主張と他者との協調とが両立していることが大切である。自己の主張のみでは，他者とともに一つの音楽表現としてまとめたり，その曲固有のよさや美しさを共有したりすることが困難になることも考えられる。一方，他者との協調のみでは，自分の思いや意図が曖昧となり，他者の思いや意図に従うなど他者任せの音楽表現になってしまうことも考えられる。また，鑑賞では，他者の気付きを共有し，感じ取ったことなどに共感することによって，自分の音楽の捉え方を広げることができるとともに，その曲固有のよさや美しさを共有して味わって聴くことができる。このように，他者と関わりながら，音楽表現を創意工夫して音楽で表したり音楽のよさや美しさを味わって聴いたりできるようにすることが，音楽科の学習の重要な特質である。

　音楽文化に親しむとは，音楽と人々の生活などとの関わりに関心をもち，我が国の音楽に愛着をもったり世界の様々な音楽の多様性を認め大切にしたりすることである。音楽文化に親しめるようにするためには，表現や鑑賞の活動を通して，音楽が人々の暮らし，地域の風土，文化や歴史などの影響を受け，社会の変化や文化の発展とともに生まれ，育まれてきたものであることを，生徒が感じ取れるような指導の工夫が求められる。

　音楽によって生活を明るく豊かなものにしていく態度とは，音楽を生活の中に取り入れ，明るく豊かな生活を送ることを目指す態度のことである。これは，学校教育法第二十一条の第九号「生活を明るく豊かにする音楽，美術，文芸その他の芸術について基礎的な理解と技能を養うこと」を踏まえたものであり，中学校において，全ての生徒が必修教科として音楽を学ぶ意味に関わるものである。

　第2学年及び第3学年で示している**音楽に親しんでいく態度**とは，教科の目標で示しているものと同義である。このことを第2学年及び第3学年の目標で示している趣旨は，従前，第2学年及び第3学年の学年の目標(1)で示していた「生涯にわたって音楽に親しんでいく態度」と同様であり，中学校卒業後も，音楽科の学習を基盤として，音楽に親しんでいくことができるような態度を育てることを目指している。なお，「音楽に親しむ態度」ではなく**音楽に親しんでいく態度**としていることで，従前示していた「生涯にわたって」の意味を含んでいるものとして文言を整理した。

第2節　音楽科の内容

教科の目標と学年の目標及び内容の構成

教科の目標	学年の目標	内容の構成				
				項目	事項	
表現及び鑑賞の幅広い活動を通して，音楽的な見方・考え方を働かせ，生活や社会の中の音や音楽，音楽文化と豊かに関わる資質・能力を次のとおり育成することを目指す。	(1)「知識及び技能」の習得に関する目標	(1) 各学年の「知識及び技能」の習得に関する目標	領域	A表現	(1) 歌唱の活動を通して，次の事項を身に付けることができるよう指導する。	ア　歌唱分野における「思考力，判断力，表現力等」 イ　歌唱分野における「知識」 ウ　歌唱分野における「技能」
					(2) 器楽の活動を通して，次の事項を身に付けることができるよう指導する。	ア　器楽分野における「思考力，判断力，表現力等」 イ　器楽分野における「知識」 ウ　器楽分野における「技能」
	(2)「思考力，判断力，表現力等」の育成に関する目標	(2) 各学年の「思考力，判断力，表現力等」の育成に関する目標			(3) 創作の活動を通して，次の事項を身に付けることができるよう指導する。	ア　創作分野における「思考力，判断力，表現力等」 イ　創作分野における「知識」 ウ　創作分野における「技能」
	(3)「学びに向かう力，人間性等」の涵養に関する目標	(3) 各学年の「学びに向かう力，人間性等」の涵養に関する目標		B鑑賞	(1) 鑑賞の活動を通して，次の事項を身に付けることができるよう指導する。	ア　鑑賞領域における「思考力，判断力，表現力等」 イ　鑑賞領域における「知識」
			〔共通事項〕		(1)「A表現」及び「B鑑賞」の指導を通して，次の事項を身に付けることができるよう指導する。	ア　表現及び鑑賞の学習において共通に必要となる「思考力，判断力，表現力等」 イ　表現及び鑑賞の学習において共通に必要となる「知識」

第2章
音楽科の
目標及び
内容

1 内容の構成

　従前の内容は，表の右（平成20年告示）のように構成していた。今回の改訂では，内容の構成を資質・能力に基づいて整理し，表の左（平成29年告示）のようにした。

平成29年告示	平成20年告示
「A表現」 (1) 歌唱に関する内容 　ア　歌唱分野における「思考力，判断力，表現力等」に関する資質・能力 　イ　歌唱分野における「知識」に関する資質・能力 　ウ　歌唱分野における「技能」に関する資質・能力	「A表現」 (1) 歌唱に関する内容 　ア　歌詞の内容と曲想に基づいて創意工夫し，歌う能力 　イ　曲種に応じた発声や言葉の特性に基づいて創意工夫し，歌う能力 　ウ　声部の役割と全体の響きに基づいて創意工夫し，合わせて歌う能力
(2) 器楽に関する内容 　ア　器楽分野における「思考力，判断力，表現力等」に関する資質・能力 　イ　器楽分野における「知識」に関する資質・能力 　ウ　器楽分野における「技能」に関する資質・能力	(2) 器楽に関する内容 　ア　曲想に基づいて創意工夫し，演奏する能力 　イ　楽器の特徴に基づいて創意工夫し，演奏する能力 　ウ　声部の役割と全体の響きに基づいて創意工夫し，合わせて演奏する能力
(3) 創作に関する内容 　ア　創作分野における「思考力，判断力，表現力等」に関する資質・能力 　イ　創作分野における「知識」に関する資質・能力 　ウ　創作分野における「技能」に関する資質・能力	(3) 創作に関する内容 　ア　言葉や音階などに基づいて創意工夫し，旋律をつくる能力 　イ　音素材の特徴や構成に基づいて創意工夫し，音楽をつくる能力
※「第3　指導計画の作成と内容の取扱い」の2へ移行	(4) 表現教材　ア，イ

平成29年告示	平成20年告示
「B鑑賞」 (1) 鑑賞に関する内容 　ア　鑑賞領域における「思考力，判断力，表現力等」に関する資質・能力 　イ　鑑賞領域における「知識」に関する資質・能力 ※「第3　指導計画の作成と内容の取扱い」の2へ移行	「B鑑賞」 (1) 鑑賞に関する内容 　ア　音楽のよさや美しさを味わって聴く能力 　イ　音楽の特徴と背景などと関連付けて鑑賞する能力 　ウ　音楽の多様性を捉えて鑑賞する能力 (2) 鑑賞教材
〔共通事項〕 (1) 要素等に関する内容 　ア　音楽を形づくっている要素を知覚・感受し，その関わりについて考える，表現及び鑑賞の学習において共通に必要となる「思考力，判断力，表現力等」に関する資質・能力 　イ　用語や記号などを理解する，表現及び鑑賞の学習において共通に必要となる「知識」に関する資質・能力	〔共通事項〕 (1) 要素等に関する内容 　ア　音楽を形づくっている要素の知覚・感受 　イ　用語や記号などの理解

　このように，「A表現」については，従前同様，歌唱，器楽，創作ごとに事項を示すとともに，従前のア，イ，ウで示していた内容を，「思考力，判断力，表現力等」，「知識」，「技能」のそれぞれの資質・能力に対応する内容で整理した。また，「B鑑賞」については，従前の内容を，「思考力，判断力，表現力等」，「知識」のそれぞれの資質・能力に対応する内容で整理した。

　例えば，従前の第1学年「A表現」(1)のア（歌詞の内容や曲想を感じ取り，表現を工夫して歌うこと）は，①創意工夫の基となる感じ取る対象（歌詞の内容や曲想），②「思考力，判断力，表現力等」（表現を工夫して），③技能を伴った音楽表現（歌うこと）という三つの内容で構成されていた。今回の改訂では，この趣旨を踏まえつつ，①の内容を創意工夫の過程で得たり生かしたりする「知識」として整理し，イとして位置付けた。また，②及び③の内容を一層明確にして，②をア

(「思考力，判断力，表現力等」)，③をウ(「技能」)として位置付けた。したがって，歌唱の題材を構想する際には，(1)のア，イ，ウの各事項を関連付けて指導できるようにすることが必要であり，例えば，(1)のアとウのみで題材を構想することは適切ではない。

音楽科の学習においては，音楽活動を通して，「知識及び技能」及び「思考力，判断力，表現力等」を一体的に身に付けられるようにしていくことが大切であり，必ずしも，「知識及び技能」，「思考力，判断力，表現力等」を別々に育成したり，「知識及び技能」を習得させてから「思考力，判断力，表現力等」を育成するといった一定の順序性をもって指導したりするものではないことに留意する必要がある。

〔共通事項〕については，従前同様「A表現」及び「B鑑賞」の指導を通して指導する内容とするとともに，表現及び鑑賞の学習において共通に必要となる資質・能力（アは「思考力，判断力，表現力等」に関する資質・能力，イは「知識」に関する資質・能力）として位置付けた。なお，〔共通事項〕が置かれている趣旨は，従前と同様である。したがって，「A表現」及び「B鑑賞」の各事項の指導と併せて，十分な指導が行われることが重要であり，〔共通事項〕のみを単独で指導するものではない。

なお，今回の改訂では，「第2　各学年の目標及び内容」の「2　内容」に，資質・能力を示すこととして整理したため，従前示していた教材に関する内容は，「第3　指導計画の作成と内容の取扱い」の2で示すこととした。

今回の改訂では，従前同様，「A表現」領域（歌唱，器楽，創作ごと），「B鑑賞」領域，〔共通事項〕で内容の全体を構成するとともに，各事項を前述のとおり構成することによって，音楽科において育成を目指す資質・能力を一層明確にし，生徒が感性を働かせて感じ取ったことを基に，思考，判断し，表現する一連の過程を大切にした学習の一層の充実を求めている。

● 2　各領域及び〔共通事項〕の内容

(1) 表現領域の内容

　表現領域の学習では，曲想や表したいイメージと関わらせながら，音楽の構造，歌詞の内容，声や楽器の特徴，音階や言葉の特徴，反復などの構成上の特徴，音楽の背景などを理解すること，曲にふさわしい表現や構成を工夫すること，表現をするために必要な技能を身に付けること，これらが相互に関連し合うことが大切である。なお，これらの学習を支えるものとして〔共通事項〕が位置付けられる。

　このような学習を行うための表現領域の指導内容は，次の五つの観点から捉えられる。

①　音楽の素材としての音

　音楽は音から成り，音楽表現は音を媒体とする。したがって，まず音について知ることが必要となる。音楽の素材としての音には，声や楽器の音のみならず，自然音や環境音など私たちを取り巻く様々な音も含まれる。

　声については，一人一人の声は個性的で，多様な表現の可能性を秘めている。また，民族や時代，あるいは様式や曲種によって様々な表現方法があり，それぞれに応じた発声の仕方が用いられてきた。言語のもつ音質，発音やアクセントなどが，旋律やリズム，あるいは，曲の構成などに影響を与えている場合もある。したがって，一人一人の声の持ち味を生かし，曲種に応じた発声を工夫し，歌詞のもつ言語的特性などを大切にした表現活動を行うことが重要となる。

　楽器については，材質，形状，発音原理，奏法などから様々に分類され，それぞれ特徴のある音をもっている。例えば，木，金属，皮などの素材の違いにより，そこから生まれる楽器の音の特徴が異なってくる。したがって，様々な楽器がどのような発音原理や構造上の特徴をもっているかといった点を押さえ，それらを生かすことが大切となる。

　音楽の素材としての音の質感を，生徒が感性を働かせて感じ取ることは，表現活動において実際に音を発する際に，どのような音を出したいのか，どのような音がふさわしいのかといった意識をもつことにつながっていく。

②　音楽の構造

　音楽を表現する上では，対象となる音楽がどのようにできているか，どのような形となって表れているかなどを捉え，それを生かすことが重要となる。

　音は，一音だけでも音楽と成り得るが，基本的には，音と音との関係の中で意

味をもち音楽となる。そして音楽は，音色，リズム，速度，旋律，テクスチュア，強弱，形式，構成などの要素によって形づくられている。これらの要素は総合的かつ複雑に関わり合いながら音楽としての全体像を成している。さらに，リズムの構造，テクスチュアの構造のように，それぞれの要素をより細かく見る場合もあり，構造は様々なレベルや関係性の中で捉えることが可能である。このように，音楽を形づくっている要素そのものや要素同士の関連及び音楽全体がどのように成り立っているかなど，音や要素の表れ方や関係性，音楽の構成や展開の有り様などが，音楽の構造である。

　表現領域の学習では，音や音楽を，音色，リズム，旋律，反復や変化などの音楽を構成する原理，「①音楽の素材としての音」で述べたような歌詞のもつ言語的特性や楽器の特徴，さらには，声部の役割や全体の響きなどの様々な観点から捉えて，それらを表現に生かしていくことが重要となる。

③　音楽によって喚起されるイメージや感情

　音楽の構造を捉えることは，実際の音楽活動を通して行われる。この場合，生徒の内的な世界に作用し，表現を発展させるものでなくてはならない。音楽の構造を解き明かすことが，生徒のイメージや感情を一層喚起することにつながる。

　音楽は，その音楽固有の雰囲気や表情，味わいなどを醸し出している。これが曲想であり，一人一人が自己のイメージや感情を伴って，音楽との相互作用の中で感じ取ることになる。曲想は，音楽の構造によって生み出されるものであるから，音楽の構造を捉えることによって，曲想をより深く味わうことが可能となる。

　曲想を感じ取りながら，それを音楽の構造との関わりにおいて再度捉え直すといった活動を繰り返すことによって，生徒の感じ取った内容が質的に深まり，イメージや感情も広がり豊かになる。したがって，生徒一人一人がこうしたイメージや感情を意識し，自己認識をしながら表現活動を進めていくことが大切になる。

④　音楽の表現における技能

　生徒が音楽で表現したい思いや意図を声や楽器，楽譜などを使って表現するためには，技能が必要である。発声や発音，楽器の奏法，音楽をつくる技能などを習得し，音楽に対する解釈やイメージ，曲想などを適切に表現することが重要となる。また，身体をコントロールし，姿勢，呼吸法，身体の動きなどを意識することも大切である。

　技能は，音楽を形づくっている要素や要素同士の関連を知覚し，特質や雰囲気

を感受し，それらの関わりについて考え，そこから導き出される表現の創意工夫を通して，その必要性が実感されなければならない。したがって，音楽表現における技能の指導は，こうした一連の活動の中に適切に位置付けられるものである。

⑤ 音楽の背景となる文化や歴史など

　上記①から④の背景となるものが，人間の生活の基盤である風土，文化や歴史，伝統といった環境であり，音楽自体，そして人間の表現行為自体，それらの影響の下で生み出されてきた。例えば，障子やふすまで仕切られた造りの残響の少ない日本建築の中で演奏されてきた音楽と，石造りで豊かな残響をもつ西洋建築の中で演奏されてきた音楽はおのずと違いがある。言語に目を向けた場合，我が国においては，古くから音楽の様相に日本語が深く関係してきた。言語のもつ特性が音楽に直接，間接に作用し特有の雰囲気を生み出している。また，演劇や舞踊などの身体による表現，儀式や祭礼などの全体構成も音楽の特徴と密接に関わっている。

　このように，我が国や諸外国の様々な音楽は，それぞれが生み出され，育まれてきた背景と切り離すことはできない。例えば音の出し方も，それを育んできた人々の感性や価値観と結び付いていると考えられる。音楽がどのような風土，文化や歴史などを背景としているかといった視点をもつことが，曲の捉え方や表現を深めることにつながっていく。

以上に述べた五つの観点による指導内容を具体化するために，歌唱，器楽，創作ごとに次のように事項を示している。

歌唱のアは「思考力，判断力，表現力等」に関する資質・能力として，歌唱表現の創意工夫について，イは「知識」に関する資質・能力として，曲想と音楽の構造などとの関わりの理解，声の音色や響きなどと曲種に応じた発声との関わりの理解について，ウは「技能」に関する資質・能力として，創意工夫を生かした歌唱表現に必要な発声などの技能，他者と合わせて歌う技能などについて示している。

器楽のアは「思考力，判断力，表現力等」に関する資質・能力として，器楽表現の創意工夫について，イは「知識」に関する資質・能力として，曲想と音楽の構造などとの関わりの理解，楽器の音色や響きと奏法との関わりの理解について，ウは「技能」に関する資質・能力として，創意工夫を生かした器楽表現に必要な奏法などの技能，他者と合わせて演奏する技能などについて示している。

創作のアは「思考力，判断力，表現力等」に関する資質・能力として，創作表現の創意工夫について，イは「知識」に関する資質・能力として，表したいイメージ

と関わらせた,音のつながり方などの特徴の理解,音素材の特徴及び音の重なり方や反復などの構成上の特徴の理解について,ウは「技能」に関する資質・能力として,創意工夫を生かした創作表現に必要な,音の選択や組合せなどの技能などについて示している。

(2) 鑑賞領域の内容

　鑑賞領域の学習では,曲想と音楽の構造との関わり,音楽の特徴とその背景となる文化や歴史などとの関わり,音楽の特徴から生まれる音楽の多様性などについて理解すること,批評などの活動を通して曲や演奏を評価したり,生活や社会における音楽の意味や役割などについて考えたりすること,これらが相互に関連し合うことが大切である。なお,これらの学習を支えるものとして〔共通事項〕が位置付けられる。

　このような学習を行うための鑑賞領域の指導内容は,次の五つの観点から捉えられる。

① 音楽の素材としての音

　音楽は音から成り,音楽表現は音を媒体とする。したがって,まず音について知ることが必要となる。音楽を鑑賞するときは,音楽の素材として使われている音そのものの質感を感じ取ることが重要である。

　声については,我が国や諸外国の様々な言葉の特性が関わって,それぞれに固有の声質や声域がある。また,曲種によって,固有の発音法,発声法,歌唱法が見られ,演奏者の表現意図もそれらに影響してくる。

　言葉の特性は,旋律やリズム,曲の構成などと深く関わり合って音楽を成り立たせている。例えば,言語のもつ抑揚,アクセント,リズム,音質,語感などが音楽と深く結び付き,それらを生かした音楽が生み出されている。

　楽器については,材質,形状,発音原理,奏法などによって音の特徴が異なる。同じ発音原理の楽器でも,地域や国によって音色や奏法などに違いが見られ,それぞれに特徴をもっている。

　鑑賞においては,どのような音であるかということを,声については発音法,発声法,歌唱法などから,楽器については材質,形状,発音原理,奏法などから捉えることが大切である。

　また,ここで言う音には自然音や環境音も含まれる。風の音,川のせせらぎ,遠くに聞こえる寺の鐘の音などから音楽的な興味を感じることも少なくない。自然音や環境音を聴き,感じ取ったことが,イメージや感情を広げたり深めたりする契機となるのである。なお,楽器によっては,風土,文化や歴史などの中で培

われた美意識から，自然を象徴するような独特な音色や奏法をもつものがある。これらのことから，自然音や環境音について音楽との関わりにおいて捉えることは，音や音楽への興味・関心を一層養うことにつながっていく。

② 音楽の構造

　音楽を鑑賞する上では，対象となる音楽がどのようにできているか，どのような形となって表れているかなどを捉えることが重要となる。

　音は，一音だけでも音楽と成り得るが，基本的には，音と音との関係の中で意味をもち音楽となる。そして音楽は，音色，リズム，速度，旋律，テクスチュア，強弱，形式，構成などの要素によって形づくられている。これらの要素は総合的かつ複雑に関わり合いながら音楽としての全体像を成している。さらに，リズムの構造，テクスチュアの構造のように，それぞれの要素をより細かく見る場合もあり，構造は様々なレベルや関係性の中で捉えることが可能である。このように，音楽を形づくっている要素そのものや要素同士の関連及び音楽全体がどのように成り立っているかなど，音や要素の表れ方や関係性，音楽の構成や展開の有り様などが，音楽の構造である。

　鑑賞領域の学習では，こうした音楽の構造を捉えることが極めて重要となる。すなわち，学習の対象となる音楽において，要素がどのように働いているのか，要素同士がどのように関連し合っているのか，音楽全体がどのように成り立っているのかなどの学習が求められる。また，用いられる教材のほとんどで，生徒が表現活動で取り組む曲と比較すると，より複雑で洗練された音楽の構造を経験することになる。例えば，反復，変化，対照などの音楽を構成する原理も，実際の曲では壮大で複雑に展開されている有り様を知るようになる。教材として扱う曲種や曲及び生徒の学習の状況などに応じて，音や要素の働きから生まれる様相，要素同士の関連によって生まれる様相，音楽の構成や展開の様相などを学習することによって，音楽に対する理解を一層深めることが重要となる。

③ 音楽によって喚起されるイメージや感情

　音楽は，その音楽固有の雰囲気や表情，味わいなどを醸し出している。これが曲想であり，一人一人が自己のイメージや感情を伴って，音楽との相互作用の中で感じ取ることになる。曲想は，音楽の構造によって生み出されるものであるから，音楽の構造を捉えることによって，曲想をより深く味わうことが可能となる。したがって，音楽に聴き入っているときには，音楽を形づくっている要素や要素同士の有機的な関連，構造の働きを感じ取ると同時に，それによって自分の内面に生まれる様々なイメージや感情を味わっていることになる。

我が国や諸外国の様々な音楽を鑑賞し，音楽を形づくっている要素や音楽の構造の働きから生み出される曲想を感じ取って聴き，その音楽によって喚起されるイメージや感情を意識することが大切である。特に幅広く主体的に鑑賞することによって，自分の中に新しいイメージや感情が生まれることを意識したり，それを確認したりすることが重要となる。例えば，異なる時代や地域の人々によってつくられた音楽を鑑賞し自己のイメージや感情が喚起されることは，多様な音楽に対する解釈や理解を深めることになる。そのことにより，異なる時代や地域の人々の思いと自己の思いとのつながりを意識することができるようになるのである。

④　音楽の鑑賞における批評

　音楽の鑑賞は，音楽を聴いてそれを享受するという意味から受動的な行為と捉えられることがある。しかし，音楽科における鑑賞領域の学習は，音楽によって喚起されたイメージや感情などを，自分なりに言葉で言い表したり書き表したりして音楽を評価するなどの能動的な活動によって成立する。

　音楽のよさや美しさなどについて，言葉で表現し他者と伝え合い，論じ合うことが音楽科における批評である。このように自分の考えなどを表現することは，本来，生徒にとって楽しいものと言える。ただし，それが他者に理解されるためには，客観的な理由を基にして，自分にとってどのような価値があるのかといった評価をすることが重要となる。ここに学習として大切な意味がある。評価の根拠をもって批評することは創造的な行為であり，それは，漠然と感想を述べたり単なる感想文を書いたりすることとは異なる活動である。

　このような学習は，音楽文化に対する理解を深めていくとともに，生徒が自らの感性を豊かに働かせて，その音楽のよさや美しさなどを一層深く味わって聴くことにつながっていく。

⑤　音楽の背景となる文化や歴史など

　上記①から④の背景となるものが，人間の生活の基盤である風土，文化や歴史，伝統といった環境であり，音楽はそれらの影響を受けて成立し，様々な特徴をもつことになる。また，能楽，歌舞伎，文楽，オペラ，バレエなどの総合芸術のように，演劇的要素，舞踊的要素，美術的要素などとの関わりから成立しているものもある。音楽とその背景との関わりなどに目を向けることは，音楽をより深く聴き味わうことに結び付いていく。

　このような観点から，我が国や郷土の伝統音楽，アジア地域の諸民族の音楽を含む諸外国の様々な音楽など多様な音楽に触れることは，人間の生活と音楽との

関わりに関心をもって,生涯にわたり音楽文化に親しむ態度を育てることになる。また,様々な音楽文化に触れ,その多様性を感じ取ったり理解したりすることは,音楽に対する価値観や視野の拡大を図ることになる。そして,それぞれの音楽のもつ固有性や多くの音楽に共通する普遍性などを知り,自己の音楽の世界を広げていくことは,自分にとって真に価値ある音楽を見いだす契機となる。

以上に述べた五つの観点による指導内容を具体化するために,次のように事項を示している。

アは「思考力,判断力,表現力等」に関する資質・能力として,曲や演奏に対する評価とその根拠,生活や社会における音楽の意味や役割,音楽表現の共通性や固有性などを考え,音楽のよさや美しさを味わうことについて,イは「知識」に関する資質・能力として,曲想と音楽の構造との関わりの理解,音楽の特徴とその背景となる文化や歴史,他の芸術との関わりの理解,音楽の多様性の理解などについて示している。

(3) 〔共通事項〕の内容

〔共通事項〕の学習では,音楽を形づくっている要素や要素同士の関連を知覚すること,それらの働きが生み出す特質や雰囲気を感受すること,知覚したことと感受したこととの関わりについて考えること,音楽を形づくっている要素及びそれらに関わる用語や記号などについて,音楽における働きと関わらせて理解すること,これらが相互に関連し合うことが大切である。なお,〔共通事項〕は,歌唱,器楽,創作,鑑賞の学習を支えるものとして位置付けられる。

このような学習を行うための〔共通事項〕の指導内容は,次の三つの観点から捉えられる。

① 音楽の構造の原理

音楽の素材となる音は,長さ,高さ,強さ,音色など様々な性質をもっている。音は,一音だけでも音楽と成り得るが,基本的には,音と音との関係の中で意味をもち音楽となる。音と音との関わり方により,音楽は多様な様相を示す。

音と音との時間的な関係の中でリズムや速度が生ずる。音の長短,強弱,有音と無音などが時間的に配分されたり組織化されたりすることにより,一定のパターンや間などが生まれる。言葉,息づかい,身体の動きが影響することもある。

異なる音高や音価などを連ねると旋律になる。音の連なり方や装飾のされ方により,多様な形の旋律ができる。旋律の構成音を高さの順に並べると音階が認識される。

音と音とが同じ時間軸上で垂直的に関わったり，時間の流れの中で水平的に関わったりして，織物の縦糸と横糸のような様相で様々な音の織りなす状態が生まれる。このような，音楽における音や声部の多様な関わり合いを，テクスチュアという。

音量の変化は強弱に関係してくる。音の強弱は，強さや弱さ，その変化などを相対的に感じさせるものである。また，音色などとも関わり，音量は小さいけれども強さを感じさせる音もある。

そして，旋律やリズムが反復，変化したり，あるいは対照的なものと組み合わさったりして，音楽としてのまとまりのある形が生み出される。曲の形式は，この形が一般化されたものである。

また，反復，変化，対照などの音楽を構成する原理には，多様な音楽に共通するものや，時代や民族などによって様々な特徴をもつものがある。

音楽は，これらの要素によって形づくられており，それぞれの要素は有機的に関連し合っている。音楽を捉えるためには，このような音楽の構造の原理に注目することが必要となってくる。

上記を踏まえ，「第3 指導計画の作成と内容の取扱い」の2の(9)では，音楽を形づくっている要素として，音色，リズム，速度，旋律，テクスチュア，強弱，形式，構成などを示している。これらの要素は，音（音色など），音と音との時間的な関係（リズム，速度など），音の連なりや声部の関わり合い（旋律，テクスチュアなど），音量の変化（強弱など），音楽の組立て方（形式，構成など）といった大きな括りによって整理したものである。

なお，「テクスチュア」については，小学校音楽科における「音の重なり」，「和音の響き」，「音楽の縦と横との関係」などの学習を踏まえ，我が国や諸外国の音楽に見られる音や声部の多様な関わり合いを意識して捉えることを重視している。また，「構成」は，小学校音楽科における「反復」，「呼びかけとこたえ」，「変化」などとの系統性を図るものである。

② 知覚と感受との関わり

音楽科の学習においては，音楽を形づくっている要素や要素同士の関連を知覚し，それらの働きが生み出す特質や雰囲気を感受しながら，知覚したことと感受したこととの関わりについて考えることが重要である。

ここで言う「知覚」は，聴覚を中心とした感覚器官を通して音や音楽を判別し，意識することであり，「感受」は，音や音楽の特質や雰囲気などを感じ，受け入れることである。本来，知覚と感受は一体的な関係にあると言えるが，知覚したことと感受したこととをそれぞれ意識しながら，両者の関わりについて考え

ることが大切である。

　音楽を形づくっている要素に着目した知覚と感受とは，例えば，「この太鼓の音色は，日本的だ」，「この旋律は，軽やかな感じがする」などといった受け止めである。また，要素同士の関連についての知覚と感受とは，例えば，「フルートによる第二主題は，軽やかな感じがする」といった受け止めである。この場合，音色に着目して，様々な楽器の中からフルートの音を知覚するとともに，形式に着目して，第一主題とは異なった雰囲気の旋律を知覚し，音色と旋律の関連が生み出す質感について，軽やかな感じと感受している。

　知覚と感受との関わりについて考えるとは，例えば，「フルートによる第二主題が，クラリネットによる第一主題より軽やかに感じられるのは，主題を演奏する楽器の音色が変わって，音が高くなり，旋律のリズムも小刻みになったから」と考えることや，「ドンドコドンドコというリズムと和太鼓の音色から，日本的で，踊り出したくなるような音楽だと感じる」と考えることなどが挙げられる。

　このように，要素や要素同士の関連がどのようになっているかを知覚することと，それらの働きが生み出す特質や雰囲気を感受することとを常に関わらせて音楽に向き合うことが大切である。

　上記を踏まえ，今回の改訂では，「第2　各学年の目標及び内容」において，〔共通事項〕アを「音楽を形づくっている要素や要素同士の関連を知覚し，それらの働きが生み出す特質や雰囲気を感受しながら，知覚したことと感受したこととの関わりについて考えること」と示し，表現及び鑑賞の学習において共通に必要となる「思考力，判断力，表現力等」に関わる資質・能力として位置付けている。

③　音楽を共有する方法としての用語や記号など

　音楽活動は，本来，音によるコミュニケーションを基盤としたものである。音楽は実際に鳴り響く音そのものが全てを表しており，演奏が終了すると，その音楽は事実上，音響として存在しなくなる。こうした音や音楽の世界を他者と伝え合い，共有する方法の一つとして，音楽に関する用語や記号などが様々に工夫され用いられてきた。

　適切な用語や記号などを用いて音楽の内容について解釈や説明をしたり，五線譜などのような楽譜を書いて表したりそれを読み解いたりすることは，音楽を他者と共有するための基盤となり，結果として，一人一人の音楽に対する理解を深めていく。

　このような観点から，歌唱や器楽の活動では楽譜から作曲者の意図を読み取って他者と一緒に表現を工夫すること，創作の活動では表現したい内容を記譜した

りイメージなどを適切な用語を用いて伝え合ったりすること，鑑賞の活動では音楽のよさや美しさなどについて音楽に関する用語などを用いて言葉で説明したり，それを基に話し合ったりすることなどの学習が意味をもつ。

　音楽に関する用語や記号などを理解し用いることは，音楽についての解釈などを他者と共有し伝え合うとともに，一人一人の生活において，生涯にわたって音楽に関わっていくことを支え，自らの表現や鑑賞の活動を充実させる。このことは，身の回りや世界に存在する多種多様な音楽に対する理解を促すこととなり，音楽文化の継承，発展，創造を可能にするものである。

　上記を踏まえ，「第3　指導計画の作成と内容の取扱い」の2の⑩では，理解し，活用できるようにする用語や記号などについて示している。

　なお，従前は，〔共通事項〕イにおいて，「音楽を形づくっている要素とそれらの働きを表す用語や記号などについて」は「音楽活動を通して理解する」としていたが，今回の改訂では，〔共通事項〕イを「音楽を形づくっている要素及びそれらに関わる用語や記号などについて，音楽における働きと関わらせて理解すること」と示し，表現及び鑑賞の学習において共通に必要となる「知識」に関わる資質・能力として位置付けるとともに，従前の趣旨を一層明確にした。

　以上に述べた三つの観点による指導内容を具体化するために，次のように〔共通事項〕を示している。

　アは，「思考力，判断力，表現力等」に関する資質・能力として，音楽を形づくっている要素や要素同士の関連を知覚し，それらの働きが生み出す特質や雰囲気を感受しながら，知覚したことと感受したこととの関わりについて考えることを，イは，「知識」に関する資質・能力として，音楽を形づくっている要素及びそれらに関わる用語や記号などについて，音楽における働きと関わらせて理解することを示している。

第3章　各学年の目標及び内容

第1節　第1学年の目標と内容

1　目標

> (1) 曲想と音楽の構造などとの関わり及び音楽の多様性について理解するとともに，創意工夫を生かした音楽表現をするために必要な歌唱，器楽，創作の技能を身に付けるようにする。
> (2) 音楽表現を創意工夫することや，音楽を自分なりに評価しながらよさや美しさを味わって聴くことができるようにする。
> (3) 主体的・協働的に表現及び鑑賞の学習に取り組み，音楽活動の楽しさを体験することを通して，音楽文化に親しむとともに，音楽によって生活を明るく豊かなものにしていく態度を養う。

ここでは，第1学年の目標を示している。

従前は，以下に示すように，(1)情意面や態度形成などに関する目標，(2)表現に関する目標，(3)鑑賞に関する目標として示していた。したがって，表現領域では(1)及び(2)が，鑑賞領域では(1)及び(3)が第1学年の目標であった。

> 従前（平成20年告示）の第1学年の目標
> (1) 音楽活動の楽しさを体験することを通して，音や音楽への興味・関心を養い，音楽によって生活を明るく豊かなものにする態度を育てる。
> (2) 多様な音楽表現の豊かさや美しさを感じ取り，基礎的な表現の技能を身に付け，創意工夫して表現する能力を育てる。
> (3) 多様な音楽のよさや美しさを味わい，幅広く主体的に鑑賞する能力を育てる。

一方，今回の改訂では，(1)に「知識及び技能」の習得に関する目標，(2)に「思考力，判断力，表現力等」の育成に関する目標，(3)に「学びに向かう力，人間性等」の涵養に関する目標を示している。これは，従前のように音楽科において育成する資質・能力を領域ごとに整理し，学年の目標として示していたものとは異なる。従前，表現領域及び鑑賞領域で育成していた音楽科の資質・能力を，今回の改訂では，教科等を問わず中学校において育成を目指す三つの資質・能力に基づいて再整理，再構成したものである。

これは，音楽科における資質・能力の構造が，「情意，態度等」，「表現の能力」，

「鑑賞の能力」という整理から,「知識及び技能」,「思考力,判断力,表現力等」,「学びに向かう力,人間性等」という整理に変わったことを意味している。

　なお,今回の改訂では,教科の目標と学年の目標を同じ構造で整理していることから,目標に関する用語等や学年の目標の趣旨については,本解説第2章第1節「1　教科の目標」及び「2　学年の目標」に示している。

2 内容

(1) A 表現

> (1) 歌唱の活動を通して,次の事項を身に付けることができるよう指導する。
> 　ア　歌唱表現に関わる知識や技能を得たり生かしたりしながら,歌唱表現を創意工夫すること。
> 　イ　次の(ア)及び(イ)について理解すること。
> 　　(ア)　曲想と音楽の構造や歌詞の内容との関わり
> 　　(イ)　声の音色や響き及び言葉の特性と曲種に応じた発声との関わり
> 　ウ　次の(ア)及び(イ)の技能を身に付けること。
> 　　(ア)　創意工夫を生かした表現で歌うために必要な発声,言葉の発音,身体の使い方などの技能
> 　　(イ)　創意工夫を生かし,全体の響きや各声部の声などを聴きながら他者と合わせて歌う技能

　ここでは,第1学年における歌唱に関する指導事項を示しており,以下の,題材を構想する上で必要となる配慮事項を踏まえて指導することが求められる。

（指導計画の作成と内容の取扱い）

> 1　指導計画の作成に当たっては,次の事項に配慮するものとする。
> 　(2)　第2の各学年の内容の「A表現」の(1),(2)及び(3)の指導については,ア,イ及びウの各事項を,「B鑑賞」の(1)の指導については,ア及びイの各事項を適切に関連させて指導すること。
> 　(3)　第2の各学年の内容の〔共通事項〕は,表現及び鑑賞の学習において共通に必要となる資質・能力であり,「A表現」及び「B鑑賞」の指導と併せて,十分な指導が行われるよう工夫すること。

　第1学年の歌唱分野では,〔共通事項〕に示す資質・能力と併せて,アに示す「思考力,判断力,表現力等」に関する資質・能力,イに示す「知識」に関する資質・能力,ウに示す「技能」に関する資質・能力を育てていくことが指導のねらいとなる。したがって,歌唱の学習は,ア,イの(ア)(イ)のいずれか又は両方,ウの(ア)(イ)のいずれか又は両方の各事項を組み合わせた題材を設定して行うこととなる。

　例えば,ア,イの(ア),ウの(ア)を組み合わせた題材を設定する場合,「曲想と音楽の構造や歌詞の内容との関わりを理解するとともに,それらを生かした歌唱表現を創意工夫して歌うこと」という内容を指導することとなる。これは,従前の指導事項「歌詞の内容や曲想を感じ取り,表現を工夫して歌うこと」において育成を目指す資質・能力を,今回の改訂で明確化したものと考えることができる。

> ア　歌唱表現に関わる知識や技能を得たり生かしたりしながら，歌唱表現を創意工夫すること。

　この事項は，歌唱分野における「思考力，判断力，表現力等」に関する資質・能力である，**歌唱表現を創意工夫すること**ができるようにすることをねらいとしている。

　歌唱表現に関わる知識はイに，**技能**はウに示すものを指す。

　歌唱の学習では，歌唱表現を創意工夫する過程で，様々な表現を試しながら，新たな知識や技能を習得することと，既に習得している知識や技能を活用することの両方が大切になるため，知識や技能を**得たり生かしたりしながら**としている。このように，新たな知識や技能の習得は，創意工夫の過程で行われるものであることから，創意工夫に必要な知識や技能を習得してから創意工夫をするといったような一方向のみの授業にはならないよう留意する必要がある。

　歌唱表現を創意工夫するとは，曲に対する自分のイメージを膨らませたり他者のイメージに共感したりして，音楽を形づくっている要素の働かせ方などを試行錯誤しながら，表したい歌唱表現について考え，どのように歌唱表現するかについて思いや意図をもつことである。また，思いや意図は，創意工夫の過程において，歌唱表現に関わる知識や技能を得たり生かしたりしながら，さらに深まったり新たな思いや意図となったりする。

　例えば，曲に対して「優しい感じの歌だ」というイメージをもち，「優しい感じ」を表すために，声の音色や強弱について様々に歌い試す中で，「優しい感じにするために，柔らかい声で，旋律の上がり下がりの動きに合わせて自然な強弱変化を付けて歌いたい」などのような思いや意図をもつことが考えられる。

　また，例えば，学習の初期の段階でもった「広がるような感じ」というイメージと関わらせ，「広がりが感じられるように，静かに始まり，徐々に盛り上がっていくように歌いたい」のような思いや意図をもつ場合もある。このような場合，創意工夫の過程で，曲想と音楽の構造や歌詞の内容との関わりに関する新たな知識を得たり，これまで身に付けた発声を生かしたりしながら，「静かな始まりの中にも力強さが欲しいので，言葉の発音をはっきりさせて，一つ一つの言葉を訴えかけるように，徐々にクレシェンドして歌いたい」などのように，思いや意図が深まったり新たな思いや意図となったりすることも考えられる。

　指導に当たっては，創意工夫する過程を大切にして，生徒の思考の流れを把握しながら，適切な手立てを講ずることが大切である。

　このように，本事項では，生徒が様々な歌唱表現を試しながら工夫し，どのように歌うかについて思いや意図をもつ過程を重視した指導を求めている。

> イ 次の(ア)及び(イ)について理解すること。
> (ア) 曲想と音楽の構造や歌詞の内容との関わり

　この事項は，歌唱分野における「知識」に関する資質・能力である，**曲想と音楽の構造や歌詞の内容との関わり**を理解できるようにすることをねらいとしている。
　曲想とは，その音楽固有の雰囲気や表情，味わいなどのことである。また曲想は，音楽の構造によって生み出されるものである。
　音楽の構造とは，音楽を形づくっている要素そのものや要素同士の関わり方及び音楽全体がどのように成り立っているかなど，音や要素の表れ方や関係性，音楽の構成や展開の有り様などである。
　歌詞の内容には，歌詞の言葉の意味，歌詞が表す情景や心情などが含まれる。
　曲想と音楽の構造や歌詞の内容との関わりについて理解するためには，〔共通事項〕と関わらせた指導によって，生徒が曲想を感じ取り，感じ取った理由を，音楽の構造や歌詞の内容の視点から自分自身で捉えていく過程が必要である。したがって，教師が感じ取った曲想を伝えたり，その曲の形式や歌詞の意味などを覚えられるようにしたりする，ということに留まるものではないことに十分留意する必要がある。
　本事項は，「曲想と音楽の構造との関わり」，「曲想と歌詞の内容との関わり」の両方の理解を求めている事項である。「曲想と歌詞の内容との関わり」については，曲想が音楽の構造によって生み出されるものであることに配慮して学習することが大切である。また，**曲想**，**音楽の構造**，**歌詞の内容**はそれぞれ関連するものであることから，これらを一体的に理解する学習をすることも考えられる。
　例えば，「曲想と音楽の構造との関わり」を理解する学習の指導に当たっては，「この曲は優しく穏やかな感じがする」と感じ取った生徒が，リズムや旋律に着目し，楽譜を見て歌いながら，「そう感じたのは，四分音符や二分音符が多く，隣り合った音に移っていく，なだらかな旋律が繰り返されているからだ」のように，自分が感じ取った曲想と音楽の構造との関わりに気付くことのできるような指導の工夫が必要である。また，「四分音符や二分音符が多く，隣り合った音に移っていく，なだらかな旋律が繰り返されていることによって，優しく穏やかな感じが生み出され，人の優しさを表している歌詞の内容が伝わりやすくなっている」などのように，歌詞の内容も関わらせていくことができるような指導の工夫も考えられる。その際，生徒が音楽活動を通して，実感を伴って理解できるようにすることが大切である。
　このように，その音楽固有の雰囲気や表情，味わいなどが，どのような音楽の構造や歌詞の内容によって生み出されているのかを捉えていくことが，この事項で求めている理解である。

> (イ) 声の音色や響き及び言葉の特性と曲種に応じた発声との関わり

　この事項は，歌唱分野における「知識」に関する資質・能力である，**声の音色や響き及び言葉の特性と曲種に応じた発声との関わり**を理解できるようにすることをねらいとしている。

　民謡，長唄などの我が国の伝統的な歌唱及び諸外国の様々な歌唱には，その曲種に応じた声の出し方などによる**声の音色や響き**がある。

　言葉の特性には，言葉の抑揚，アクセント，リズム，子音や母音の扱い，言語のもつ音質，語感などが挙げられる。また，それらが旋律やリズム，曲の構成などと深く関わり合って音楽を成り立たせている。

　曲種とは音楽の種類のことである。**曲種に応じた発声**とは，民謡，長唄などの我が国の伝統的な歌唱を含む我が国や諸外国の様々な音楽の特徴を表現することができるような発声のことである。

　声の音色や響き及び言葉の特性と曲種に応じた発声との関わりについて理解するためには，〔共通事項〕と関わらせた指導によって，生徒が，**声の音色や響き及び言葉の特性**が生み出す特質や雰囲気を感受し，感受したことと発声との関わりを自分自身で捉えていく過程が必要である。したがって，教師からの説明などによって，生徒が曲種によって様々な発声の仕方や声の種類があることを知る，ということに留まるものではないことに十分留意する必要がある。

　本事項は，「声の音色や響きと曲種に応じた発声との関わり」，「言葉の特性と曲種に応じた発声との関わり」の両方の理解を求めている事項である。また，**声の音色や響き**，**言葉の特性**，**曲種に応じた発声**はそれぞれ関連するものであることから，これらを一体的に理解する学習をすることも考えられる。

　例えば，「声の音色や響きと曲種に応じた発声との関わり」を理解する学習の指導に当たっては，話し言葉やわらべうたに見られる声の出し方の特徴を捉え，それらを生かして郷土に伝わる民謡を歌う活動につなげていくことができるような指導の工夫が必要である。また，「言葉の特性と曲種に応じた発声との関わり」を理解する学習の指導に当たっては，言葉の抑揚と旋律との関係に着目して郷土に伝わる民謡を聴き，その民謡の特徴を表すための言葉の発音，節回しなどを歌い試しながら，言葉の特性と曲種に応じた発声との関わりを捉えていくことができるような指導の工夫が必要である。その際，生徒が音楽活動を通して，実感を伴って理解できるようにすることが大切である。

　このように，声には，その発声の仕方などによって生まれる様々な音色や響き，言葉の抑揚や言語のもつ質感などがあり，そのことが曲種の特徴を生かして歌唱表現することと密接に関わっていることを捉えていくことが，この事項で求めている理解である。

> ウ 次の(ア)及び(イ)の技能を身に付けること。
>   (ア) 創意工夫を生かした表現で歌うために必要な発声，言葉の発音，身体の使い方などの技能

　この事項は，歌唱分野における「技能」に関する資質・能力である，**創意工夫を生かした表現で歌うために必要な発声，言葉の発音，身体の使い方などの技能**を身に付けて歌うことができるようにすることをねらいとしている。

　創意工夫を生かした表現で歌うために必要な技能としているのは，技能が，生徒にとって思いや意図を表すために必要なものとなるよう指導することを求めているからである。したがって，発声，言葉の発音，身体の使い方などの指導に当たっては，生徒が思いや意図との関わりを捉えられるようにしながら行うことが大切であり，技能に関する指導を単独で行うことに終始することのないよう留意する必要がある。

　発声とは声を出すことであるが，ここでは**創意工夫を生かした表現で歌うために必要な発声**としていることから，生徒の思いや意図を歌唱によって表すことのできる声の出し方を身に付けられるようにすることが大切である。なお，単に何通りもの発声の方法を身に付けさせることがねらいではないことに留意する。

　発音には，子音や母音の発音などがある。例えば，日本語のもつ美しさを味わえる歌唱教材を扱う授業では，生徒が，歌詞の詩情を味わいながら子音や母音の発音を工夫するなどして技能を身に付けていく学習が考えられる。

　身体の使い方には，姿勢や呼吸の仕方などが考えられる。例えば，「フレーズの最後の音を優しい感じにするために，デクレシェンドしたい」という思いや意図をもったとき，デクレシェンドしながら最後まで音を伸ばして歌うことができるような呼吸の仕方を工夫したり，それにふさわしい姿勢を工夫したりするなどしながら技能を身に付けていく学習が考えられる。

　このように，本事項では，技能の習得に関する学習を創意工夫の過程に位置付けることによって，生徒が必要性を感じながら，発声，言葉の発音，身体の使い方などの技能を身に付けられるようにすることを求めている。

> (イ) 創意工夫を生かし，全体の響きや各声部の声などを聴きながら他者と合わせて歌う技能

　この事項は，歌唱分野における「技能」に関する資質・能力である，**創意工夫を生かし，全体の響きや各声部の声などを聴きながら他者と合わせて歌う技能**を身に付けて歌うことができるようにすることをねらいとしている。

全体の響きとは，いくつかの声部が関わり合って生み出される総体的な響きのことである。

　各声部の声などとしているのは，ソプラノやテノールなどの各声部の他に，伴奏，民謡における掛け声や囃子詞(はやしことば)なども含まれるからである。

　聴きながら他者と合わせて歌う技能には，自分と同じ声部の他者の声や，他の声部の声などとの重なりやつながりを聴きながら歌う技能などが考えられる。このような技能を習得するためには，例えば，自分と同じ声部の他者の声を聴きながら音高やリズムをそろえて歌ったり，他の声部の声量を聴きながら自分の声量を調整して歌ったり，伴奏のリズムを聴きながら速度を合わせて歌ったりする活動などが考えられる。その際，「ここは自分のパートが主旋律なので，他のパートより少し大きめの声で歌おう」，「伴奏は四分音符が連続しているので，それを聴きながら歌えば速さが合わせられそうだ」などのように，他者や他の声部の声，全体の響きなどを意識して，他者と合わせて歌うよさや必要性を感じながら技能を身に付けていくことができるようにすることが大切である。

　したがって，他者と合わせるために，まずは自分が担当する声部の音高やリズムなどを正しく歌えるようにして，その後，他者と合わせて歌う活動をする，というような一方向のみの授業にはならないよう留意する必要がある。

　創意工夫を生かしとしているのは，ウの(ア)と同様に，生徒が思いや意図を表すために必要なものとして指導することを求めているからである。

　このように，本事項では，生徒が思いや意図をもち，全体の響きや各声部の声などを聴きながら他者と合わせて歌う技能を身に付けられるようにすることを求めている。

> (2) 器楽の活動を通して，次の事項を身に付けることができるよう指導する。
>   ア 器楽表現に関わる知識や技能を得たり生かしたりしながら，器楽表現を創意工夫すること。
>   イ 次の(ア)及び(イ)について理解すること。
>   (ア) 曲想と音楽の構造との関わり
>   (イ) 楽器の音色や響きと奏法との関わり
>   ウ 次の(ア)及び(イ)の技能を身に付けること。
>   (ア) 創意工夫を生かした表現で演奏するために必要な奏法，身体の使い方などの技能
>   (イ) 創意工夫を生かし，全体の響きや各声部の音などを聴きながら他者と合わせて演奏する技能

　ここでは，第1学年における器楽に関する指導事項を示しており，以下の，題材を構想する上で必要となる配慮事項を踏まえて指導することが求められる。

(指導計画の作成と内容の取扱い)

> 1　指導計画の作成に当たっては，次の事項に配慮するものとする。
>   (2) 第2の各学年の内容の「A表現」の(1)，(2)及び(3)の指導については，ア，イ及びウの各事項を，「B鑑賞」の(1)の指導については，ア及びイの各事項を適切に関連させて指導すること。
>   (3) 第2の各学年の内容の〔共通事項〕は，表現及び鑑賞の学習において共通に必要となる資質・能力であり，「A表現」及び「B鑑賞」の指導と併せて，十分な指導が行われるよう工夫すること。

　第1学年の器楽分野では，〔共通事項〕に示す資質・能力と併せて，アに示す「思考力，判断力，表現力等」に関する資質・能力，イに示す「知識」に関する資質・能力，ウに示す「技能」に関する資質・能力を育てていくことが指導のねらいとなる。したがって，器楽の学習は，ア，イの(ア)(イ)のいずれか又は両方，ウの(ア)(イ)のいずれか又は両方の各事項を組み合わせた題材を設定して行うこととなる。

　例えば，ア，イの(ア)，ウの(ア)を組み合わせた題材を設定する場合，「曲想と音楽の構造との関わりを理解するとともに，それらを生かした器楽表現を創意工夫して演奏すること」という内容を指導することとなる。これは，従前の指導事項「曲想を感じ取り，表現を工夫して演奏すること」において育成を目指す資質・能力を，今回の改訂で明確化したものと考えることができる。

> ア 器楽表現に関わる知識や技能を得たり生かしたりしながら，器楽表現を創意工夫すること。

　この事項は，器楽分野における「思考力，判断力，表現力等」に関する資質・能力である，**器楽表現を創意工夫することができるようにすること**をねらいとしている。
　器楽表現に関わる知識はイに，**技能**はウに示すものを指す。
　器楽の学習では，器楽表現を創意工夫する過程で，様々な表現を試しながら，新たな知識や技能を習得することと，既に習得している知識や技能を活用することの両方が大切になるため，知識や技能を**得たり生かしたりしながら**としている。このように，新たな知識や技能の習得は，創意工夫の過程で行われるものであることから，創意工夫に必要な知識や技能を習得してから創意工夫をするといったような一方向のみの授業にはならないよう留意する必要がある。
　器楽表現を創意工夫するとは，曲に対する自分のイメージを膨らませたり他者のイメージに共感したりして，音楽を形づくっている要素の働かせ方などを試行錯誤しながら，表したい器楽表現について考え，どのように器楽表現するかについて思いや意図をもつことである。また，思いや意図は，創意工夫の過程において，器楽表現に関わる知識や技能を得たり生かしたりしながら，さらに深まったり新たな思いや意図となったりする。
　例えば，リコーダーを用いた学習において，曲に対して「軽快さがあり，はずんだ感じの曲だ」というイメージをもち，「軽快さ」や「はずんだ感じ」を表すために，音の長さや発音の仕方について様々に演奏を試す中で，「軽快さがあり，はずんだ感じにするために，音の長さを短めにしたり，どの音域でも明瞭に発音できるようにしたりして演奏したい」などのような思いや意図をもつことが考えられる。
　また，例えば，学習の初期の段階でもった「滑らかな感じ」というイメージと関わらせ，「滑らかさが感じられるように，音と音との間が切れないように気を付けて，旋律を流れるように演奏したい」のような思いや意図をもつ場合もある。このような場合，創意工夫の過程で，曲想と音楽の構造との関わりに関する新たな知識を得たり，これまでに身に付けた奏法を生かしたりしながら，「全体的には滑らかな感じだけれど，第3フレーズには歯切れのよさを感じるところがあるので，音の長さに変化を付けて，その違いが表現できるように演奏したい」などのように，思いや意図が深まったり新たな思いや意図となったりすることも考えられる。
　指導に当たっては，創意工夫する過程を大切にして，生徒の思考の流れを把握しながら，適切な手立てを講ずることが大切である。
　このように，本事項では，生徒が様々な器楽表現を試しながら工夫し，どのように演奏するかについて思いや意図をもつ過程を重視した指導を求めている。

イ　次の(ア)及び(イ)について理解すること。
　(ア)　曲想と音楽の構造との関わり

　この事項は，器楽分野における「知識」に関する資質・能力である，**曲想と音楽の構造との関わり**を理解できるようにすることをねらいとしている。
　曲想とは，その音楽固有の雰囲気や表情，味わいなどのことである。また曲想は，音楽の構造によって生み出されるものである。
　音楽の構造とは，音楽を形づくっている要素そのものや要素同士の関わり方及び音楽全体がどのように成り立っているかなど，音や要素の表れ方や関係性，音楽の構成や展開の有り様などである。
　曲想と音楽の構造との関わりについて理解するためには，〔共通事項〕と関わらせた指導によって，生徒が曲想を感じ取り，感じ取った理由を，音楽の構造の視点から自分自身で捉えていく過程が必要である。したがって，教師が感じ取った曲想を伝えたり，その曲の形式などを覚えられるようにしたりする，ということに留まるものではないことに十分留意する必要がある。
　例えば，「この曲は生き生きとした感じがする」と感じ取った生徒が，リズムや旋律に着目し，楽譜を見て演奏しながら，「そう感じたのは，主旋律にシンコペーションのリズムが繰り返されているからだ」のように，自分が感じ取った曲想と音楽の構造との関わりに気付くことのできるような学習が考えられる。その際，生徒が音楽活動を通して，実感を伴って理解できるようにすることが大切である。
　このように，その音楽固有の雰囲気や表情，味わいなどが，どのような音楽の構造によって生み出されているのかを捉えていくことが，この事項で求めている理解である。

　(イ)　楽器の音色や響きと奏法との関わり

　この事項は，器楽分野における「知識」に関する資質・能力である，**楽器の音色や響きと奏法との関わり**を理解できるようにすることをねらいとしている。
　楽器の音色や響きとは，その楽器固有の音色や響きのことである。楽器の音を音楽の素材として捉え，その楽器の音でしか表せない表現を体験させることによって，音楽表現の豊かさや美しさに気付かせることが重要である。また，その楽器を生み出した風土，文化や歴史などについて学習することは，楽器の特徴を捉える上で効果的である。
　奏法とは，その楽器固有の演奏方法のことである。
　楽器の音色や響きと奏法との関わりについて理解するためには，〔共通事項〕と

関わらせた指導によって，生徒が，**楽器の音色や響き**が生み出す特質や雰囲気を感受し，感受したことと奏法との関わりを自分自身で捉えていく過程が必要である。したがって，教師からの説明や範奏などによって，生徒が複数の楽器の音色や響きを判別できるようになったり，その楽器の奏法を知ったりする，ということに留まるものではないことに十分留意する必要がある。

　例えば，箏（そうこと）（※）を用いた学習において，生徒がスクイ爪（づめ）や押し手（おして）などの様々な奏法を試し，それらの音色や響きを比較しながら相違点を見いだし，音色や響きと奏法との関わりを捉えていくことができるような学習が考えられる。その際，生徒が音楽活動を通して，実感を伴って理解できるようにすることが必要である。

　このように，楽器には，その楽器固有の音色や響きがあり，そのことが奏法と密接に関わっていることを捉えていくことが，この事項で求めている理解である。

※「箏」の振り仮名を「そう（こと）」と表記しているのは，「箏」は楽器名として一般に「こと」と呼ばれることも多いため，音楽科の授業においては，「そう」又は「こと」の両方の読み方が可能であることを示している。（以下同じ）

> ウ　次の(ｱ)及び(ｲ)の技能を身に付けること。
> 　(ｱ)　創意工夫を生かした表現で演奏するために必要な奏法，身体の使い方などの技能

　この事項は，器楽分野における「技能」に関する資質・能力である，**創意工夫を生かした表現で演奏するために必要な奏法，身体の使い方などの技能**を身に付けて演奏できるようにすることをねらいとしている。

　創意工夫を生かした表現で演奏するために必要な技能としているのは，技能が，生徒にとって思いや意図を表すために必要なものとなるよう指導することを求めているからである。したがって，奏法，身体の使い方などの指導に当たっては，生徒が思いや意図との関わりを捉えられるようにしながら行うことが大切であり，技能に関する指導を単独で行うことに終始することのないよう留意する必要がある。

　奏法とは，その楽器固有の演奏方法のことである。

　身体の使い方には，姿勢や楽器の構え方，発音する際の身体の動かし方などが考えられる。例えば，和太鼓の演奏をする際，「このリズムは，一つ一つの音をはっきりと弾んだ感じで表現したい」という思いや意図をもったとき，安定した姿勢で，一音一音をはっきりとよく響く音で鳴らすことができるような足の位置や開き方，膝の使い方，ばちの持ち方，腕の使い方などを工夫しながら技能を身に付けていく学習が考えられる。

このように，本事項では，技能の習得に関する学習を創意工夫の過程に位置付けることによって，生徒が必要性を感じながら，奏法，身体の使い方などの技能を身に付けられるようにすることを求めている。

> (イ) 創意工夫を生かし，全体の響きや各声部の音などを聴きながら他者と合わせて演奏する技能

　この事項は，器楽分野における「技能」に関する資質・能力である，**創意工夫を生かし，全体の響きや各声部の音などを聴きながら他者と合わせて演奏する技能**を身に付けて演奏できるようにすることをねらいとしている。

　全体の響きとは，いくつかの声部が関わり合って生み出される総体的な響きのことである。

　各声部の音などとしているのは，例えば，アンサンブルを行う際の各声部の他に，伴奏，我が国の伝統音楽における掛け声なども，声部として含まれるからである。

　聴きながら他者と合わせて演奏する技能には，自分と同じ声部の他者の音や，他の声部の音などとの重なりやつながりを聴きながら演奏する技能などが考えられる。このような技能を習得するためには，例えば，リコーダーでアンサンブルをする際に，「この旋律は，他の声部から主旋律を受け継いで演奏する部分なので，主旋律のつながりが自然になるように演奏したい」と考え，他の声部の主旋律の演奏の仕方や音の切り方をよく聴きながら，他者と合わせて演奏する活動などが考えられる。このように，他者と合わせて演奏するよさや必要性を感じながら技能を身に付けていくことができるようにすることが大切である。

　したがって，他者と合わせるために，まずは自分が担当する声部の旋律やリズムなどを正しく演奏できるようにして，その後，他者と合わせて演奏する活動をする，というような一方向のみの授業にはならないよう留意する必要がある。

　なお，我が国の伝統音楽などでは，歌唱と合わせて演奏することも考えられる。その際は，(1)歌唱のウの(イ)との関連を図ることも大切である。この場合，例えば，歌，箏(そうこと)，三味線，囃子(はやし)などをそれぞれの声部として捉え，それらを聴きながら他者と合わせて演奏する技能を身に付けることになる。

　創意工夫を生かしとしているのは，(ア)と同様に，生徒が思いや意図を表すために必要なものとして指導することを求めているからである。

　このように，本事項では，生徒が思いや意図をもち，全体の響きと各声部の音などを聴きながら他者と合わせて演奏する技能を身に付けられるようにすることを求めている。

> (3) 創作の活動を通して，次の事項を身に付けることができるよう指導する。
>   ア　創作表現に関わる知識や技能を得たり生かしたりしながら，創作表現を創意工夫すること。
>   イ　次の(ア)及び(イ)について，表したいイメージと関わらせて理解すること。
>   (ア) 音のつながり方の特徴
>   (イ) 音素材の特徴及び音の重なり方や反復，変化，対照などの構成上の特徴
>   ウ　創意工夫を生かした表現で旋律や音楽をつくるために必要な，課題や条件に沿った音の選択や組合せなどの技能を身に付けること。

　ここでは，第1学年における創作に関する指導事項を示しており，以下の，題材を構想する上で必要となる配慮事項を踏まえて指導することが求められる。

（指導計画の作成と内容の取扱い）

> 1　指導計画の作成に当たっては，次の事項に配慮するものとする。
>   (2) 第2の各学年の内容の「A表現」の(1)，(2)及び(3)の指導については，ア，イ及びウの各事項を，「B鑑賞」の(1)の指導については，ア及びイの各事項を適切に関連させて指導すること。
>   (3) 第2の各学年の内容の〔共通事項〕は，表現及び鑑賞の学習において共通に必要となる資質・能力であり，「A表現」及び「B鑑賞」の指導と併せて，十分な指導が行われるよう工夫すること。

　第1学年の創作分野では，〔共通事項〕に示す資質・能力と併せて，アに示す「思考力，判断力，表現力等」に関する資質・能力，イに示す「知識」に関する資質・能力，ウに示す「技能」に関する資質・能力を育てていくことが指導のねらいとなる。したがって，創作の学習は，ア，イの(ア)(イ)のいずれか又は両方，ウの各事項を組み合わせた題材を設定して行うこととなる。

　例えば，ア，イの(ア)，ウを組み合わせた題材を設定する場合，「表したいイメージと関わらせながら，音のつながり方の特徴を理解するとともに，それらを生かした創作表現を創意工夫して旋律をつくること」という内容を指導することとなる。これは，従前の指導事項「言葉や音階などの特徴を感じ取り，表現を工夫して簡単な旋律をつくること」において育成を目指す資質・能力を，今回の改訂で明確化したものと考えることができる。

> ア　創作表現に関わる知識や技能を得たり生かしたりしながら，創作表現を創意工夫すること。

　この事項は，創作分野における「思考力，判断力，表現力等」に関する資質・能力である，**創作表現を創意工夫すること**ができるようにすることをねらいとしている。
　創作表現に関わる知識はイに，**技能**はウに示すものを指す。
　創作の学習では，創作表現を創意工夫する過程で，様々な表現を試しながら，新たな知識や技能を習得することと，既に習得している知識や技能を活用することの両方が大切になるため，知識や技能を**得たり生かしたりしながら**としている。このように，新たな知識や技能の習得は，創意工夫の過程で行われるものであることから，創意工夫に必要な知識や技能を習得してから創意工夫をするといったような一方向のみの授業にはならないよう留意する必要がある。
　創作表現を創意工夫するとは，音や音楽に対する自分のイメージを膨らませたり他者のイメージに共感したりして，音楽を形づくっている要素の働かせ方などを試行錯誤しながら，表したい創作表現について考え，どのように創作表現するかについて思いや意図をもつことである。また，思いや意図は，創意工夫の過程において，創作表現に関わる知識や技能を得たり生かしたりしながら，さらに深まったり新たな思いや意図となったりする。
　例えば，旋律をつくる際「落ち着きのある穏やかな感じ」というイメージをもち，「落ち着きのある穏やかな感じ」を表すために，即興的に音を出しながら音のつながり方を試す中で，「落ち着きのある穏やかな感じの旋律にするために，四分音符や二分音符を多めに使って旋律をつくりたい」などのような思いや意図をもつことが考えられる。
　また，例えば，学習の初期の段階でもった「楽しく元気な感じ」というイメージと関わらせ，「楽しく元気な雰囲気を感じる旋律にするために，付点音符のあるリズムを使ってつくりたい」のような思いや意図をもつ場合もある。このような場合，創意工夫の過程で，音のつながり方の特徴に関する新たな知識を得たり，既習の知識や技能を生かしたりしながら，「付点音符のあるリズムを使っても，音の高さの変化が小さいと楽しく元気な雰囲気があまり感じられないので，音をつなげるとき，音の高さの変化が大きい部分も入れてつくりたい」などのように，思いや意図が深まったり新たな思いや意図となったりすることも考えられる。
　創作表現を創意工夫する場面では，他者と関わりながら学習を進めることが効果的な場合もある。例えば，活動の過程で，音や音楽から喚起された新たなイメージや感情などを伝え合うことによって，表したいイメージが一層明確になったり更新

されたりすることがある。また，つくっている音楽を表したいイメージに近づけていく過程で，互いの発想や見通しを伝え合ったり，つくっている音楽の構造とそこから生まれる特質や雰囲気との関わりについて確かめ合ったりすることで考えが深まっていくことがある。これらのように，指導のねらいや生徒の実態に応じて，適切にグループ活動を取り入れたり，生徒同士の中間発表や相互評価の場面を設けたり，さらに自分たちでつくった作品を披露する場を設定したりすることも有効である。

指導に当たっては，創意工夫する過程を大切にして，生徒の思考の流れを把握しながら，適切な手立てを講ずることが大切である。なお，小学校音楽科における「音楽づくり」の学習の経験などを把握し，生徒の実態に応じた学習過程を工夫することで，生徒が創作表現を創意工夫する楽しさや喜びを実感できるよう留意する。

このように，本事項では，生徒が様々な創作表現を試しながら工夫し，どのように音楽をつくるかについて思いや意図をもつ過程を重視した指導を求めている。

イ　次の(ア)及び(イ)について，表したいイメージと関わらせて理解すること。

この事項は，創作分野における「知識」に関する資質・能力である，(ア)音のつながり方の特徴及び(イ)音素材の特徴及び音の重なり方や反復，変化，対照などの構成上の特徴を表したいイメージと関わらせて理解できるようにすることをねらいとしている。

表したいイメージと関わらせて理解することとしているのは，創作の活動では，その過程において，(ア)や(イ)に示す，音のつながり方や音素材，構成上の特徴などと生徒が自己の内面に生じたイメージとを関わらせながら学習を展開することが重要だからである。これは，学習の初期の段階から学習の対象となる音楽が存在している歌唱や器楽の学習とは異なる，創作の学習ならではの側面を踏まえたものである。

創作の学習における**イメージ**とは，「楽しく生き生きした感じ」，「小春日和の暖かな日に窓辺でまどろんでいるような感じ」，「静かに始まって，中ほどで盛り上がり，最後は落ち着いた感じ」などのように，心の中に思い描く全体的な印象であり，創作の活動の源となるものである。イメージは，詩や文章，絵画や写真，映像などから喚起されるもののみではなく，即興的に音を出しながら様々な音のつながり方を試す中で喚起されるものもある。またイメージは，創意工夫の過程において，音を出しながら繰り返し表現を試し，その音を聴くことによって，変化したり発展したりすることがある。その際，イメージを言葉で表したり，それを伝え合ったりすることによって，**表したいイメージ**が豊かになったり一層確かなものになっ

たりすることも考えられる。

　以下に示す(ア)及び(イ)について，表したいイメージと関わらせて理解するためには，〔共通事項〕と関わらせた指導によって，表したいイメージと(ア)や(イ)との関わりを自分自身で捉えていく過程が必要である。

> (ア) 音のつながり方の特徴

　この事項は，創作分野における「知識」に関する資質・能力である，**音のつながり方の特徴**を表したいイメージと関わらせて理解できるようにすることをねらいとしている。

　音のつながり方とは，音と音とがどのようにつながっているかということであり，例えば，音の高さに着目すると，順次進行であるか跳躍進行であるか，上行しているか下行しているかといったことなどが考えられる。また，音の長さに着目すると，八分音符の長さで次の音につながっているのか，二分音符や全音符などの長さで次の音につながっているのかといったことが考えられる。

　音のつながり方の特徴は，音楽を形づくっている要素のうち，旋律，リズムとの関わりが深い。音のつながり方が異なることによって，感受される特質や雰囲気にも変化が生じる。例えば，順次進行であるか跳躍進行であるかによって，滑らかさを感じたり勢いを感じたりすることなどが考えられる。また，八分音符が連続してつながるのか二分音符が連続してつながるのかによって，動きを感じたり落ち着きを感じたりすることなどが考えられる。

　指導に当たっては，生徒が音のつながり方を十分に試すことができるような活動を設定し，旋律をつくる楽しさや喜びを実感できるように指導を工夫することが重要である。また，声や楽器による旋律創作に取り組ませる際には，ふさわしい声域や楽器の音域，音色，奏法などに留意することも大切である。

　このように，音のつながり方によって生み出される特質や雰囲気と自分が表したいイメージとの関わりを捉えていくことが，この事項で求めている理解である。

　なお，今回の改訂では，従前，指導事項に示していた「言葉や音階などの特徴」については，第2学年及び第3学年において理解する内容としているが，第1学年においても，旋律などをつくる際の手掛かりとしては必要なものの一つである。例えば，手掛かりになりそうな言葉を繰り返し発音して，抑揚，アクセント，リズムなどの言葉の特徴を感じ取ったり，ある音階の構成音を実際に鳴らし，音階の構成音によって生み出される独特な雰囲気などの音階の特徴を感じ取ったりしながら，それらを基にしてどのような旋律をつくるのかを考えるなどの活動は，従前と同様に大切である。

> (イ) 音素材の特徴及び音の重なり方や反復，変化，対照などの構成上の特徴

　この事項は，創作分野における「知識」に関する資質・能力である，**音素材の特徴及び音の重なり方や反復，変化，対照などの構成上の特徴**を表したいイメージと関わらせて理解できるようにすることをねらいとしている。

　創作で用いる**音素材**としては，声や楽器の音のほか，自然界や日常生活の中で聴くことのできる様々な音が含まれる。楽器の場合は，材質，形状，発音原理，奏法などから様々に分類され，それぞれ特徴のある音をもっている。

　音素材の特徴は，音楽を形づくっている要素のうち，音色との関わりが深い。例えば，木，金属，皮などの素材の違いにより，そこから生まれる楽器の音の特徴が異なってくる。

　指導に当たっては，表したいイメージと関わらせながら，生徒が実際に音を鳴らしたり，音の出し方を様々に試したりするなどして，音の質感を感じ取れるようにすることが重要である。例えば，「あたたかくて柔らかな感じ」を表現したいときには，マリンバやシロフォンなどの楽器による音色の違いや，マレットの種類による音色の違いを，実際に音を鳴らすことによって知覚し，それらが生み出す特質や雰囲気を感受しながら，用いる音素材を決めていくことができるような活動を位置付ける。このような活動を通して，表したいイメージと関わらせながら音素材の特徴について理解できるようにしていくことが大切となる。

　なお，あらかじめ創作に用いる楽器が限定されている場合においても，音の出し方を様々に試し，音色の違いに着目するなどして，音素材への関心を高め，音素材の特徴を理解することが大切である。

　音の重なり方とは，音と音とがどのように重なっているかということであり，音と音，旋律と旋律など様々な重なりが考えられる。例えば，同時に鳴り響く音高の異なる複数の音によって構成される和音や，和音が連結して移行する和声，多声的な音楽における旋律と旋律との重なり，民謡における歌と掛け声や囃子詞（はやしことば）などである。また，音の重なりの中には，例えば，体を使って出すことのできる様々な音による複数声部のリズムアンサンブルの際に見られるような，特定の音高を定めることができない音の重なりなども含まれる。

　反復，変化，対照などとは，音を音楽へと構成するための原理を例示したものである。その中でも**反復**は，最も基本的な原理であり，動機，旋律，リズム・パターンなどを繰り返すものや曲の中のあるまとまった部分を繰り返すものなどがある。例えば，我が国の伝統音楽に見られる「手」などの旋律型の繰り返し，「A－B－Aの構造による三部形式」の「A」の部分の繰り返しなど，反復は多くの音楽に見られるものである。

構成上の特徴である**音の重なり方**は，音楽を形づくっている要素のうち，テクスチュアとの関わりが深く，**反復，変化，対照**は，構成，形式との関わりが深い。**音の重なり方や反復，変化，対照などの構成上の特徴が異なることによって，感受される特質や雰囲気にも変化が生じる**。例えば，**音の重なり方**では，ある旋律に対してもう一つの旋律を重ねようとする際に，長三度の響きのところで心地よさを感じたり，ユニゾンのところで力強さを感じたりするといったようなことである。**反復，変化，対照**では，同じリズム・パターンを反復させると盛り上がりを感じたり，反復の回数が増え過ぎると逆に単調で盛り上がりに欠けるように感じたり，また，反復させた後に異なったリズム・パターンに変化させると，その部分で新鮮さを感じたりするといったようなことである。

指導に当たっては，例えば，ある短い旋律やリズム・パターンを反復，変化させながら，ある程度の長さをもった音楽をつくったり，旋律やリズム・パターンを重ねながら，複数声部による音楽をつくったりしていくような活動の過程で，音を出し，それを聴くことを通して，実感を伴いながら理解できるようにすることが大切である。

このように，音素材及び音の重なり方や反復，変化，対照などによって生み出される特質や雰囲気と自分が表したいイメージとの関わりを捉えていくことが，この事項で求めている理解である。

なお，イの(ア)及び(イ)の学習においては，小学校音楽科における「音楽づくり」の学習の経験などを把握し，生徒の実態に応じた学習過程を工夫することで，生徒が創作表現を創意工夫する楽しさや喜びを実感しながら，必要な知識を身に付けられるようにすることが重要である。

> ウ　創意工夫を生かした表現で旋律や音楽をつくるために必要な，課題や条件に沿った音の選択や組合せなどの技能を身に付けること。

この事項は，創作分野における「技能」に関する資質・能力である，**創意工夫を生かした表現で旋律や音楽をつくるために必要な，課題や条件に沿った音の選択や組合せなどの技能**を身に付けて，旋律や音楽をつくることができるようにすることをねらいとしている。

創意工夫を生かした表現で旋律や音楽をつくるために必要な技能としているのは，技能が，生徒にとって思いや意図を表すために必要なものとなるよう指導することを求めているからである。また，創作分野における技能は，音楽をつくる際の課題や条件によって異なるものになる。したがって，ある特定の作曲法などに基づく音の選択の仕方や組合せ方を習得するものではないことに留意する必要がある。

また，小学校音楽科における「音楽づくり」の学習で習得した技能を基盤とした学習となるよう留意することも大切である。

課題や条件とは，旋律や音楽をつくる前提として課された内容やつくる際の約束事のことであり，旋律や音楽をつくる学習をする際に必要なものである。したがって，指導のねらいに応じて，適切な**課題や条件**を設定することが，授業を展開する上で重要である。

音の選択や組合せなどの技能とは，自分の思いや意図を，旋律や音楽で表すために，適切に音を選んだり，組み合わせたりできることである。

例えば，「箏（そうこと）を用いて，平調子（ひらぢょうし）にふさわしい旋律を，終止感をもたせてつくること」という課題や条件に沿って旋律をつくる際の技能は，次のように考えることができる。

① 平調子（ひらぢょうし）にふさわしい音のつながり方を用いて旋律をつくっている。
② 終止感を生み出すための根拠に基づいて音を選んだり組み合わせたりして，旋律をつくっている。

上記①では，平調子（ひらぢょうし）にふさわしい音のつながり方を踏まえた音の選び方ができているかを見ることなどが考えられる。例えば，リズム・パターンを様々に工夫したとしても，音高の変化としては，「五と十」だけを繰り返しているような旋律の場合，オクターブ進行の繰り返しとなるため，平調子（ひらぢょうし）らしさを感じる旋律にはなりにくい。また，「六と七と九」でつくられた旋律の場合，西洋音楽における長三和音の構成音のようになるため，これも平調子（ひらぢょうし）らしさを感じる旋律にはなりにくい。このように，平調子（ひらぢょうし）に調弦した箏（そうこと）を用いれば，必ず平調子（ひらぢょうし）にふさわしい旋律をつくることができるというわけではないことに留意したい。

②では，「終止感」というイメージと関わらせて理解した平調子（ひらぢょうし）における音のつながり方の特徴などを根拠として，音を選んだり組み合わせたりしていることが必要である。

課題や条件を示す際は，イの(ア)や(イ)の学習で理解すべき知識を**課題や条件**に含めることによって，ア，イ，ウの各事項が関連付いた学習にすることが必要である。また，音階や音域の指定などによる用いる音の限定，二部形式や音頭一同形式などの形式の指定，「8小節」や「16小節以上」などの作品の長さの指定など，生徒にとって分かりやすく，判断しやすいものにする配慮が必要である。

このように，本事項では，技能の習得に関する学習を創意工夫の過程に位置付けることによって，生徒が必要性を感じながら，学習のねらいに即した課題や条件に沿った音の選択や組合せなどの技能を身に付けられるようにすることを求めている。

なお，**音の選択や組合せなどの技能**のなどの中には，記譜などの技能も含まれ

が，それは単に音符や記号などを書くことができるということではなく，あくまで自分の思いや意図を表すための手段として，アに示した創意工夫やイの各事項の理解と関わらせて身に付けることが大切である。

(2) B 鑑 賞

> (1) 鑑賞の活動を通して,次の事項を身に付けることができるよう指導する。
> ア 鑑賞に関わる知識を得たり生かしたりしながら,次の(ア)から(ウ)までについて自分なりに考え,音楽のよさや美しさを味わって聴くこと。
> (ア) 曲や演奏に対する評価とその根拠
> (イ) 生活や社会における音楽の意味や役割
> (ウ) 音楽表現の共通性や固有性
> イ 次の(ア)から(ウ)までについて理解すること。
> (ア) 曲想と音楽の構造との関わり
> (イ) 音楽の特徴とその背景となる文化や歴史,他の芸術との関わり
> (ウ) 我が国や郷土の伝統音楽及びアジア地域の諸民族の音楽の特徴と,その特徴から生まれる音楽の多様性

ここでは,第1学年における鑑賞に関する指導事項を示しており,以下の,題材を構想する上で必要となる配慮事項を踏まえて指導することが求められる。

（指導計画の作成と内容の取扱い）

> 1 指導計画の作成に当たっては,次の事項に配慮するものとする。
> (2) 第2の各学年の内容の「A表現」の(1),(2)及び(3)の指導については,ア,イ及びウの各事項を,「B鑑賞」の(1)の指導については,ア及びイの各事項を適切に関連させて指導すること。
> (3) 第2の各学年の内容の〔共通事項〕は,表現及び鑑賞の学習において共通に必要となる資質・能力であり,「A表現」及び「B鑑賞」の指導と併せて,十分な指導が行われるよう工夫すること。
> 2 第2の内容の取扱いについては,次の事項に配慮するものとする。
> (8) 各学年の「B鑑賞」の指導に当たっては,次のとおり取り扱うこと。
> イ 第1学年では言葉で説明したり,第2学年及び第3学年では批評したりする活動を取り入れ,曲や演奏に対する評価やその根拠を明らかにできるよう指導を工夫すること。

第1学年の鑑賞領域では,〔共通事項〕に示す資質・能力と併せて,アに示す「思考力,判断力,表現力等」に関する資質・能力,イに示す「知識」に関する資質・能力を育てていくことが指導のねらいとなる。したがって,鑑賞の学習は,アの(ア)(イ)(ウ)のうち一つ以上,イの(ア)(イ)(ウ)のうち一つ以上の各事項を組み合わせた題材を設定して行うこととなる。

例えば，アの(ｱ)，イの(ｱ)を組み合わせた題材を設定する場合，「曲想と音楽の構造との関わりを理解するとともに，曲や演奏に対する評価とその根拠を自分なりに考え，音楽のよさや美しさを味わって聴くこと」という内容を指導することとなる。これは，従前の指導事項「ア　音楽を形づくっている要素や構造と曲想とのかかわりを感じ取って聴き，言葉で説明するなどして，音楽のよさや美しさを味わうこと」において育成を目指す資質・能力を，今回の改訂で明確化したものと考えることができる。

「第３　指導計画の作成と内容の取扱い」の２の(8)のイでは，言葉で説明したり批評したりする活動を取り入れることに関する配慮事項を示している。従前は，このことについて「第２　各学年の目標及び内容」の各学年の「Ｂ鑑賞」において，第１学年では「言葉で説明するなどして」，第２学年及び第３学年では「根拠をもって批評するなどして」として示していた。今回の改訂では，「第２　各学年の目標及び内容」に育成を目指す資質・能力を整理して示すこととし，言葉で説明したり批評したりする活動については，資質・能力を育成する際の配慮事項として「第３　指導計画の作成と内容の取扱い」に示している。

鑑賞の指導においては，音楽を自分なりに評価しながら，そのよさや美しさを味わって聴く力を育てることが大切であり，言葉で説明したり，批評したりする活動はそのための手段であることに留意する必要がある。したがって，生徒一人一人が音楽を自分なりに評価する活動と，評価した内容を他者に**言葉で説明したり**，他者と共に**批評したりする活動**を取り入れることによって，鑑賞の学習の充実を図ることができるよう配慮することが求められる。

第１学年では，生徒の発達の段階を踏まえ，「言葉で説明」するとしている。「言葉で説明」するとは，曲や演奏のよさや美しさ，生活や社会における音楽の意味や役割，音楽表現の共通性や固有性などに対する自分なりの評価について，曲想と音楽の構造との関わりなどを根拠として挙げながら言葉で表し，他者に伝えることである。音楽について言葉で説明することは，生徒にとって，音楽によって喚起された自己のイメージや感情を意識し，確認することになり，その過程で音楽に対する感性が豊かに働くのである。また，生徒が音楽活動を通して音楽に関する用語やその意味などを知り，それらを適切に用いて表すことができるように指導することが大切である。

言葉で説明する際には，対象となる音楽が，自分にとってどのような価値があるのかといった評価を，根拠をもって述べることが重要になる。そのためには，次に示す①から④までを明らかにできるように指導することが大切である。

　　①　音楽を形づくっている要素や音楽の構造
　　②　特質や雰囲気及び曲想

③ ①と②との関わり
④ 気に入ったところ，他者に紹介したいところなど自分にとってどのような価値があるのかといった評価

　上記の①から④においては，④が評価であり，①②③が根拠となる。なお，イの(イ)(ウ)を取り上げた題材においては，その事項に関する学習で習得した知識も評価の根拠にすることができるよう指導することが大切である。

　また，①から④までを発表し合う活動を設定することによって，他者との関わりの中から自分の価値意識を再確認し，音楽の構造などを一層客観的に把握したり，音楽の味わいをより深めたりすることができる。その際，グループや全体で発表し合う活動が，一人一人の学習の深まりにつながるように指導を工夫する必要がある。

> ア　鑑賞に関わる知識を得たり生かしたりしながら，次の(ア)から(ウ)までについて自分なりに考え，音楽のよさや美しさを味わって聴くこと。

　この事項は，鑑賞領域における「思考力，判断力，表現力等」に関する資質・能力である**(ア)から(ウ)までについて自分なりに考え，音楽のよさや美しさを味わって聴くこと**ができるようにすることをねらいとしている。
　鑑賞に関わる知識とは，イに示すものを指す。
　鑑賞の学習では，音楽のよさや美しさを味わって聴く過程で，新たな知識を習得することと，既に習得している知識を活用することの両方が大切になるため，知識を**得たり生かしたりしながら**としている。このように，新たな知識の習得は，音楽のよさや美しさを味わって聴く過程で行われるものであることから，知識を習得してから音楽のよさや美しさを味わって聴くといったような一方向のみの授業にはならないよう留意する必要がある。
　また，第1学年では「自分なりに考え」とし，第2学年及び第3学年では「考え」としている。これは，小学校における「曲や演奏のよさなどを見いだす」学習を更に発展させて，中学校の第1学年では，生徒一人一人がアの(ア)(イ)(ウ)に示す内容について自分なりの考えをもつことができるような指導を大切にしているからである。
　音楽のよさや美しさを味わうとは，例えば，快い，きれいだといった初発の感想のような表層的な捉えに留まることなく，鑑賞の活動を通して習得した知識を踏まえて聴き返し，その音楽の内容を価値あるものとして自らの感性によって確認する主体的な行為のことである。このような主体的な行為として音楽を聴いている状態が，本事項における「味わって聴く」ということができている状態である。

(ア) 曲や演奏に対する評価とその根拠

　この事項は，鑑賞領域における「思考力，判断力，表現力等」に関する資質・能力である，**曲や演奏に対する評価とその根拠**について**自分なりに考え，音楽のよさや美しさを味わって聴くこと**ができるようにすることをねらいとしている。

　曲や演奏に対する評価とは，曲や演奏のよさや美しさなどについて自ら考え，その価値を判断することである。また，**その根拠**には，曲想と音楽の構造との関わりなど，イに示す知識に関する内容が含まれることが大切である。

　鑑賞の活動では，音楽を形づくっている要素や音楽の構造がどのようになっているのかを聴いて捉えることが大切である。また，音楽を形づくっている要素の働きや音楽の構造によって生み出される曲想を感じ取ることも大切である。これらを通して，生徒は，曲想と音楽の構造との関わりを理解したり，様々な音楽の特徴を捉えたりする。ここで理解したことや捉えた特徴などを根拠とすることによって，曲や演奏に対する評価が可能となるのである。

　このように，本事項の学習は，イに示す知識に関する学習と一体的に行われることによって成立することに十分留意する必要がある。そうすることが本事項の学習を深めていくこととなり，曲や演奏に対する評価とその根拠を自分なりに考えることにつながっていく。

(イ) 生活や社会における音楽の意味や役割

　この事項は，鑑賞領域における「思考力，判断力，表現力等」に関する資質・能力である，**生活や社会における音楽の意味や役割**について**自分なりに考え，音楽のよさや美しさを味わって聴くこと**ができるようにすることをねらいとしている。

　生活や社会における音楽の意味や役割とは，教材として取り扱う音楽が，人々の暮らしの中で，また，集団の組織的な営みの中で，どのような価値をもち，どのような役割を果たしてきたかということである。例えば，民謡は，労働や祭りなど人々の営みと結び付いて生み出され，大切にされてきた。また，雅楽や教会における音楽などは，儀式の音楽としての役割を担ってきた側面をもつ。音楽を聴くときに，その音楽が成立した背景や演奏されたり聴かれたりしていた状況などについて想像することは，そのとき，その場所に生きていた人々が音楽とどのように関わっていたのかを考えることになる。また，これらの音楽が，かつて存在した音楽ではなく，今でも存在し続けている音楽であることに着目し，現代の人々が，これらの音楽をどのように受け入れているかについて考えることも有効である。

指導に当たっては，生徒が**生活や社会における音楽の意味や役割**について考えたことを基に，教材として扱う音楽に対して，根拠をもって自分なりに評価できるようにすることが必要である。その際，教材として取り扱う音楽が生まれた背景や，その音楽が演奏されたり聴かれたりしていた状況などに着目できるよう工夫し，その音楽がもっている生活や社会における意味や役割に対する関心を高められるようにすることが大切である。このような指導によって，生徒は，音楽と人々の営みなどとの関わりに気付き，その音楽が，自分にとってどのような意味や役割をもつのかを考えることにつながる。また，このことは，音楽と人間との深い関わりを実感することにもつながるものである。

このように，本事項の学習は，イに示す知識に関する学習と一体的に行われることによって成立することに十分留意する必要がある。そのことがこの事項の学習を深めていくこととなり，生活や社会における音楽の意味や役割を自分なりに考えることにつながっていく。

(ウ) 音楽表現の共通性や固有性

この事項は，鑑賞領域における「思考力，判断力，表現力等」に関する資質・能力であり，**音楽表現の共通性や固有性**について**自分なりに考え，音楽のよさや美しさを味わって聴くことができるようにすること**をねらいとしている。

音楽表現の共通性や固有性とは，様々な音楽が，どのようにつくられているか，どのように演奏されているかについて，複数の音楽に共通して見られる表現上の特徴，あるいは，ある音楽だけに見られる表現上の特徴などのことである。

複数の音楽を比較しながら聴き，それぞれの表現上の特徴に気付き，共通性や固有性を考えるためには，音楽を形づくっている要素の働きに着目することが大切である。また，我が国や世界の多くの音楽が，文学，演劇，舞踊などと結び付いて存在していたり，風土，宗教，儀礼などと不可分であったりすることが，その音楽の表現上の特徴に表れていることにも着目することが考えられる。

例えば，撥弦楽器のウード，琵琶，リュートを取り上げて，それらの楽器で演奏される音楽の共通点や相違点を具体的に挙げながら，それらの音楽の共通性や固有性を自分なりに考えることを通して，それぞれの楽器が奏でる音楽のよさなどを味わって聴く学習が考えられる。

指導に当たっては，生徒が**音楽表現の共通性や固有性**について考えたことを基に，教材として扱う音楽に対して，根拠をもって自分なりに評価できるようにすることが必要である。その際，様々な音楽の曲想と音楽の構造との関わりを捉えることによって表現上の特徴を比較したり，その表現上の特徴が生まれた文化的，歴史

的な背景との関わりを捉えたり，音楽の多様性を捉えることによって音楽文化の豊かさを感じ取ったりできるようにすることが大切である。

このように，本事項の学習は，イに示す知識に関する学習と一体的に行われることによって成立することに十分留意する必要がある。そのことがこの事項の学習を深めていくこととなり，音楽表現の共通性や固有性を自分なりに考えることにつながっていく。

> イ 次の(ア)から(ウ)までについて理解すること。
> 　(ア)　曲想と音楽の構造との関わり

この事項は，鑑賞領域における「知識」に関する資質・能力である，**曲想と音楽の構造との関わり**を理解できるようにすることをねらいとしている。

曲想とは，その音楽固有の雰囲気や表情，味わいなどのことである。また**曲想**は，音楽の構造によって生み出されるものである。

音楽の構造とは，音楽を形づくっている要素そのものや要素同士の関わり方及び音楽全体がどのように成り立っているかなど，音や要素の表れ方や関係性，音楽の構成や展開の有り様などである。

曲想と音楽の構造との関わりについて理解するためには，〔共通事項〕と関わらせた指導によって，生徒が曲想を感じ取り，感じ取った理由を，音楽の構造の視点から自分自身で捉えていく過程が必要である。したがって，教師が感じ取った曲想を伝えたり，その曲の形式などを覚えられるようにしたりする，ということに留まるものではないことに十分留意する必要がある。

教材として取り扱う音楽について，感じ取った曲想と，その音楽の構造との関わりを理解することは，その音楽の特徴を捉える上で重要なことである。このことが，その音楽の価値を判断したり，生活や社会における意味などを考えたり，我が国や郷土の音楽をはじめ諸外国の様々な音楽の共通性や固有性などを考えたりするといった生徒の思考を促し，音楽のよさや美しさを味わって聴く学習の深まりにつながっていく。

このように，その音楽固有の雰囲気や表情，味わいなどが，どのような音楽の構造によって生み出されているのかを捉えていくことが，この事項で求めている理解である。

> (イ)　音楽の特徴とその背景となる文化や歴史，他の芸術との関わり

この事項は，鑑賞領域における「知識」に関する資質・能力である，**音楽の特徴**

とその背景となる文化や歴史，他の芸術との関わりを理解できるようにすることをねらいとしている。

音楽の特徴には，その音楽の質感に関することも含まれている。したがって，**音楽の特徴**を捉えるためには，〔共通事項〕と関わらせた指導が必要であり，教師が捉えた音楽の特徴を伝え，そのことを生徒が知るということに留まるものではないことに十分留意する。

音楽は，**その背景となる文化や歴史，他の芸術**から直接，間接に影響を受けており，それが音楽の特徴となって表れている。また，我が国や諸外国の多くの音楽には，文学，演劇，舞踊，美術など，他の芸術との関わりも見られる。このような音楽の背景に目を向けることは，曲想と音楽の構造との関わりを理解する上でも有効である。

例えば，尺八における音色，旋律，多様な奏法などの特徴，雅楽におけるリズム，速度，テクスチュア，構成などの特徴は，それらを生み出し，育んできた人々や文化的・社会的背景などと結び付いている。また，歌舞伎やオペラにおける音楽は，その物語の内容や進行などと一体となって，声や楽器の音色，速度，強弱の変化などが効果的に表現される。

指導に当たっては，イの(ア)との関連を図るなどして，音楽の特徴を理解できるようにし，その音楽の特徴が，どのような背景から影響を受けているかについて，聴く活動を通して自分自身で捉えていく過程が必要である。したがって，文化や歴史などを単に知ることに留まらないよう留意するとともに，音楽に対する生徒の興味・関心を引き出しながら理解できるように工夫することが大切である。

このように，音楽がその背景となる文化や歴史，他の芸術と，どのような関わりをもっていることによって，どのような音楽の特徴が表れているのかを捉えていくことが，この事項で求めている理解である。

> (ウ) 我が国や郷土の伝統音楽及びアジア地域の諸民族の音楽の特徴と，その特徴から生まれる音楽の多様性

この事項は，鑑賞領域における「知識」に関する資質・能力である，**我が国や郷土の伝統音楽及びアジア地域の諸民族の音楽の特徴と，その特徴から生まれる音楽の多様性**を理解できるようにすることをねらいとしている。

我が国や郷土の伝統音楽は，過去から現在に至るまでの人々の暮らしとも関わりながら大切に受け継がれてきた。その多くが，古くから中国や朝鮮半島などの音楽文化の影響も受けながら独自の発展を遂げ，明治以降の近代化の影響を経て，現在，様々な音楽として存在している。

また，我が国と歴史的，地域的に関係の深いアジア地域の国々にも様々な音楽が存在しており，そのいずれもがそれぞれの国の音楽文化を支えているものである。

　音楽の特徴には，その音楽の質感に関することも含まれている。したがって，**我が国や郷土の伝統音楽及びアジア地域の諸民族の音楽の特徴を捉える**ためには，〔共通事項〕と関わらせた指導が必要であり，教師が捉えた音楽の特徴を伝え，そのことを生徒が知るということに留まるものではないことに十分留意する。

　この事項では，音楽の多様性を理解するために，我が国や郷土の伝統音楽やアジア地域の諸民族の音楽から複数の音楽を取り上げ，それぞれの音楽の特徴を比較したり関連付けたりできるようにすることが重要である。その際，それぞれの音楽について，歴史的，地域的な背景などとの関わりから捉えていくことも意味のあることである。

　指導に当たっては，イの(ア)との関連を図るなどして，それぞれの音楽の特徴を理解できるようにし，我が国や郷土の伝統音楽及びアジア地域の諸民族の音楽のそれぞれの特徴を比較し関連付けて聴き，共通点や相違点，あるいはその音楽だけに見られる固有性などに着目して，それぞれの音楽に対する生徒の興味・関心を引き出しながら，音楽の多様性を理解できるようにすることが大切である。

　このように，様々な音楽の特徴を捉え，比較したり関連付けたりすることによって，音楽の多様性を見いだしていけるようにすることが，この事項で求めている理解である。

　なお，本事項で求めているのは「音楽の多様性の理解」であり，音楽の曲種や曲数の多さを知ることではないことに留意する必要がある。したがって，教材として扱う曲種や曲数が多ければよいということではなく，どのような教材を用いて，何に基づいた比較や関連付けを促し，どのような視点から音楽の多様性を見いだすことができるようにするのかを明確にした指導となるよう工夫することが大切である。

⑶ 〔共通事項〕

> ⑴ 「A表現」及び「B鑑賞」の指導を通して，次の事項を身に付けることができるよう指導する。

　〔共通事項〕は，表現及び鑑賞の学習において共通に必要となる資質・能力であり，「A表現」及び「B鑑賞」の各事項の指導と併せて適切に指導する必要がある。

> ア　音楽を形づくっている要素や要素同士の関連を知覚し，それらの働きが生み出す特質や雰囲気を感受しながら，知覚したことと感受したこととの関わりについて考えること。

　この事項は，音楽科における「思考力，判断力，表現力等」に関する資質・能力である，**音楽を形づくっている要素や要素同士の関連を知覚し，それらの働きが生み出す特質や雰囲気を感受しながら，知覚したことと感受したこととの関わりについて考えること**ができるようにすることをねらいとしている。

　音楽を形づくっている要素について，従前は，「音色，リズム，速度，旋律，テクスチュア，強弱，形式，構成など」と示していたが，今回の改訂では，これらを「音楽を形づくっている要素」としてまとめ，要素の具体についての例示は，「第3 指導計画の作成と内容の取扱い」の2の⑼において，配慮事項として示している。

　ここで言う**知覚**は，聴覚を中心とした感覚器官を通して音や音楽を判別し，意識することであり，**感受**は，音や音楽の特質や雰囲気などを感じ，受け入れることである。本来，知覚と感受は一体的な関係にあると言えるが，指導に当たっては，音楽を形づくっている要素のうちどのような要素を知覚したのかということと，その要素の働きによってどのような特質や雰囲気を感受したのかということを，それぞれ確認しながら結び付けていけるようにすることが重要となる。そのため，今回の改訂では，知覚・感受することに留まらず，**知覚したことと感受したこととの関わりについて考えること**とし，その重要性を一層明確にした。

　また**特質**は，音や音楽がもつ特徴的な性質であり共通に感受されやすく，**雰囲気**は，その時々の状況などによって一人一人の中に自然と生まれる気分であり，イメージなども包含していると考えられる。

　指導に当たっては，音楽を形づくっている要素に関する学習を，我が国及び諸外国の様々な音楽の特徴を捉える窓口として，表現及び鑑賞の各活動と関連させて位置付けることが大切である。

　例えば，リズムに着目して，付点のリズムの効果や，拍の有無による雰囲気の違いなどを捉えることや，旋律に着目して，音のつながり方や旋律の構成音によって

生み出される特質や雰囲気を捉えることなどが考えられる。このような学習は，〔共通事項〕イの学習にもつながるものである。

このように，実際の音楽活動の中では音楽を形づくっている要素に焦点を当てた指導を行うとともに，本事項の学習を支えとして，「A表現」及び「B鑑賞」の学習を充実させることが大切である。

> イ　音楽を形づくっている要素及びそれらに関わる用語や記号などについて，音楽における働きと関わらせて理解すること。

この事項は，音楽科における「知識」に関する資質・能力である，**音楽を形づくっている要素及びそれらに関わる用語や記号などについて，音楽における働きと関わらせて理解すること**ができるようにすることをねらいとしている。

音楽を形づくっている要素は，「第3　指導計画の作成と内容の取扱い」の2の(9)に示す音色，リズム，速度，旋律，テクスチュア，強弱，形式，構成などである。また，用語や記号などは，「第3　指導計画の作成と内容の取扱い」の2の(10)に示すものについても，〔共通事項〕アの学習と関連付けるなどして適切に取り扱う必要がある。

表現や鑑賞の各活動において，自己のイメージや思いなどを他者と伝え合ったり，他者がどのようなことを意図しているのかをよく考えて，それに共感したりするためには，音楽に関する用語や記号などを適切に用いることが有効である。指導に当たっては，単に名称などを知るだけではなく，音楽活動を通してそれらの働きを実感しながら理解し，表現や鑑賞の学習に生かすことができるよう配慮する必要がある。また，そのことによって，用語や記号などの大切さを生徒が実感できるようにすることが大切である。

第2節　第2学年及び第3学年の目標と内容

1　目標

> (1) 曲想と音楽の構造や背景などとの関わり及び音楽の多様性について理解するとともに，創意工夫を生かした音楽表現をするために必要な歌唱，器楽，創作の技能を身に付けるようにする。
>
> (2) 曲にふさわしい音楽表現を創意工夫することや，音楽を評価しながらよさや美しさを味わって聴くことができるようにする。
>
> (3) 主体的・協働的に表現及び鑑賞の学習に取り組み，音楽活動の楽しさを体験することを通して，音楽文化に親しむとともに，音楽によって生活を明るく豊かなものにし，音楽に親しんでいく態度を養う。

　ここでは，第2学年及び第3学年の目標を示している。

　従前は，以下に示すように，(1)情意面や態度形成などに関する目標，(2)表現に関する目標，(3)鑑賞に関する目標として示していた。したがって，表現領域では(1)及び(2)が，鑑賞領域では(1)及び(3)が第2学年及び第3学年の目標であった。

> 従前（平成20年告示）の第2学年及び第3学年の目標
>
> (1) 音楽活動の楽しさを体験することを通して，音や音楽への興味・関心を高め，音楽によって生活を明るく豊かなものにし，生涯にわたって音楽に親しんでいく態度を育てる。
>
> (2) 多様な音楽表現の豊かさや美しさを感じ取り，表現の技能を伸ばし，創意工夫して表現する能力を高める。
>
> (3) 多様な音楽に対する理解を深め，幅広く主体的に鑑賞する能力を高める。

　一方，今回の改訂では，(1)に「知識及び技能」の習得に関する目標，(2)に「思考力，判断力，表現力等」の育成に関する目標，(3)に「学びに向かう力，人間性等」の涵養に関する目標を示している。これは，従前のように音楽科において育成する資質・能力を領域ごとに整理し，学年の目標として示していたものとは異なる。従前，表現領域及び鑑賞領域で育成していた音楽科の資質・能力を，今回の改訂では，教科等を問わず中学校において育成を目指す三つの資質・能力に基づいて再整理，再構成したものである。

　これは，音楽科における資質・能力の構造が，「情意，態度等」，「表現の能力」，「鑑賞の能力」という整理から，「知識及び技能」，「思考力，判断力，表現力等」，「学びに向かう力，人間性等」という整理に変わったことを意味している。

なお，今回の改訂では，教科の目標と学年の目標を同じ構造で整理していることから，目標に関する用語等や学年の目標の趣旨，第１学年との差異等については，本解説第２章第１節「１　教科の目標」及び「２　学年の目標」に示している。

2 内容

(1) A 表現

> (1) 歌唱の活動を通して，次の事項を身に付けることができるよう指導する。
>   ア 歌唱表現に関わる知識や技能を得たり生かしたりしながら，曲にふさわしい歌唱表現を創意工夫すること。
>   イ 次の(ア)及び(イ)について理解すること。
>   (ア) 曲想と音楽の構造や歌詞の内容及び曲の背景との関わり
>   (イ) 声の音色や響き及び言葉の特性と曲種に応じた発声との関わり
>   ウ 次の(ア)及び(イ)の技能を身に付けること。
>   (ア) 創意工夫を生かした表現で歌うために必要な発声，言葉の発音，身体の使い方などの技能
>   (イ) 創意工夫を生かし，全体の響きや各声部の声などを聴きながら他者と合わせて歌う技能

ここでは，第2学年及び第3学年における歌唱に関する指導事項を示しており，以下の，題材を構想する上で必要となる配慮事項を踏まえて指導することが求められる。

（指導計画の作成と内容の取扱い）

> 1 指導計画の作成に当たっては，次の事項に配慮するものとする。
>   (2) 第2の各学年の内容の「A表現」の(1)，(2)及び(3)の指導については，ア，イ及びウの各事項を，「B鑑賞」の(1)の指導については，ア及びイの各事項を適切に関連させて指導すること。
>   (3) 第2の各学年の内容の〔共通事項〕は，表現及び鑑賞の学習において共通に必要となる資質・能力であり，「A表現」及び「B鑑賞」の指導と併せて，十分な指導が行われるよう工夫すること。

第2学年及び第3学年の歌唱分野では，〔共通事項〕に示す資質・能力と併せて，アに示す「思考力，判断力，表現力等」に関する資質・能力，イに示す「知識」に関する資質・能力，ウに示す「技能」に関する資質・能力を育てていくことが指導のねらいとなる。したがって，歌唱の学習は，ア，イの(ア)(イ)のいずれか又は両方，ウの(ア)(イ)のいずれか又は両方の各事項を組み合わせた題材を設定して行うこととなる。

例えば，ア，イの(イ)，ウの(ア)(イ)を組み合わせた題材を設定する場合，「声の音色や響き及び言葉の特性と曲種に応じた発声との関わりを理解するとともに，それらを生かした曲にふさわしい歌唱表現を創意工夫しながら合わせて歌うこと」という内容を指導することとなる。これは，従前の指導事項「声部の役割と全体の響きとのかかわりを理解して，表現を工夫しながら合わせて歌うこと」において育成を目指す資質・能力を，今回の改訂で明確化したものと考えることができる。

> ア　歌唱表現に関わる知識や技能を得たり生かしたりしながら，曲にふさわしい歌唱表現を創意工夫すること。

　この事項は，歌唱分野における「思考力，判断力，表現力等」に関する資質・能力である，**曲にふさわしい歌唱表現を創意工夫すること**ができるようにすることをねらいとしている。
　歌唱表現に関わる知識はイに，**技能**はウに示すものを指す。
　歌唱の学習では，歌唱表現を創意工夫する過程で，様々な表現を試しながら，新たな知識や技能を習得することと，既に習得している知識や技能を活用することの両方が大切になるため，第1学年と同様，知識や技能を**得たり生かしたりしながら**としている。このように，新たな知識や技能の習得は，創意工夫の過程で行われるものであることから，創意工夫に必要な知識や技能を習得してから創意工夫をするといったような一方向のみの授業にはならないよう留意する必要がある。
　第1学年は「歌唱表現を創意工夫すること」としているが，第2学年及び第3学年は「曲にふさわしい歌唱表現を創意工夫すること」としている。
　曲にふさわしいとは，多くの人が共通に感じ取れるような，曲固有のよさや特徴の捉え方を意味している。
　したがって，本事項は，多くの人が共通に感じ取れるような，曲固有のよさや特徴を捉えた上で，その曲について解釈し，第1学年よりも更に自らの価値判断を伴ったより豊かな音楽表現の創意工夫ができることを目指している。
　指導に当たっては，創意工夫する過程を大切にして，生徒の思考の流れを把握しながら，適切な手立てを講じ，その曲にふさわしい歌唱表現に対する思いや意図の質を高められるよう留意する必要がある。

> イ　次の(ア)及び(イ)について理解すること。
> 　(ア)　曲想と音楽の構造や歌詞の内容及び曲の背景との関わり

　この事項は，歌唱分野における「知識」に関する資質・能力である，**曲想と音楽**

の構造や歌詞の内容及び曲の背景との関わりを理解できるようにすることをねらいとしている。

　第1学年は「曲想と音楽の構造や歌詞の内容との関わり」としているが，第2学年及び第3学年では「曲の背景」を加えて示している。

　曲の背景とは，歌詞や曲の成立背景，作詞者や作曲者にまつわる事柄，曲が生み出され育まれてきた風土，文化や歴史などのことである。例えば，四季折々の情景を表した歌，生活に根付いた仕事歌などは，歌が生まれた当時の人々の感性や価値観などと結び付いている。

　本事項は，「曲想と音楽の構造との関わり」，「曲想と歌詞の内容との関わり」，「曲想と曲の背景との関わり」の理解を求めている事項である。「曲想と歌詞の内容との関わり」については，「曲想と音楽の構造との関わり」と関連付けて学習することが大切である。「曲想と曲の背景との関わり」については，その背景が「音楽の構造」や「歌詞の内容」とも関わっていることに配慮して学習することが大切である。また，**曲想**，**音楽の構造**，**歌詞の内容**，**曲の背景**はそれぞれ関連するものであることから，これらを一体的に理解する学習をすることも考えられる。

　このように，その音楽固有の雰囲気や表情，味わいなどが，どのような音楽の構造や歌詞の内容及び曲の背景によって生み出されているのかを捉えていくことが，この事項で求めている理解である。

　第2学年及び第3学年において，「曲想と曲の背景との関わり」の理解を加えることは，生徒が教材曲のよさを捉え直し，更に曲に対する捉え方を質的に深め，自分にとっての意味を見いだしたり，「人はなぜ歌うのか」，「歌が人々の生活や社会に果たす役割は何か」などについて考えたりすることにつながるものである。

(イ)　声の音色や響き及び言葉の特性と曲種に応じた発声との関わり

　この事項は，歌唱分野における「知識」に関する資質・能力である，**声の音色や響き及び言葉の特性と曲種に応じた発声との関わり**を理解できるようにすることをねらいとしている。

　本事項は，第1学年に示した内容と同様であるが，第2学年及び第3学年では，更に学習内容の充実を図り，声の音色や響き及び言葉の特性と曲種に応じた発声との関わりについての理解を一層深めていくこととなる。

　例えば，我が国の伝統的な歌唱の一つである長唄の発声，言葉と節回しとの関わりなどの特徴を理解する。さらに，諸外国の音楽を取り上げ，表現の相違点や共通点などを調べたり考えたりすることにより，世界には多様な音楽があり，それぞれに声の音色や響き及び言葉の特性と曲種に応じた発声との関わりがあることを理解

できるような展開が考えられる。その際，曲の背景となる風土，文化や歴史などが，それぞれの曲種における発声や言葉の特性と音楽との関わりにどのような影響を与えているのかを考えることも大切である。

このように，第1学年の学習を基盤とし，更に学習内容を充実するとともに，声には，その発声の仕方などによって生まれる様々な音色や響き，言葉の抑揚や言語のもつ質感などがあり，そのことが曲種の特徴を生かして歌唱表現することと密接に関わっていることを捉えていくことが，この事項で求めている理解である。

> ウ　次の(ア)及び(イ)の技能を身に付けること。
> 　(ア)　創意工夫を生かした表現で歌うために必要な発声，言葉の発音，身体の使い方などの技能

この事項は，歌唱分野における「技能」に関する資質・能力である，**創意工夫を生かした表現で歌うために必要な発声，言葉の発音，身体の使い方などの技能**を身に付けて歌うことができるようにすることをねらいとしている。

本事項は，第1学年に示した内容と同様であるが，第1学年における学習を基盤とし，創意工夫の質的な高まりに応じて，身に付ける技能も高まっていくことに留意する必要がある。

例えば，生徒が「力強さを感じるこの歌の歌詞は，作詞者が中学生に向けて強く語りかける気持ちで書いた詩なので，一つ一つの言葉を大切にしながら，言葉が一つ一つ切れてしまわないように，フレーズのまとまりを大切にして歌いたい」という思いや意図をもったとき，言葉が伝わりやすい発音の仕方とフレーズを意識した息の使い方とを関わらせるなど，複数の技能を関わらせて，よりふさわしい歌い方を工夫しながら技能を身に付けていく学習が考えられる。

このように，本事項では，第1学年の学習と同様，技能の習得に関する学習を創意工夫の過程に位置付けることによって，生徒が必要性を感じながら，発声，言葉の発音，身体の使い方などの技能を身に付けられるようにすることを求めている。

> (イ)　創意工夫を生かし，全体の響きや各声部の声などを聴きながら他者と合わせて歌う技能

この事項は，歌唱分野における「技能」に関する資質・能力である，**創意工夫を生かし，全体の響きや各声部の声などを聴きながら他者と合わせて歌う技能**を身に付けて歌うことができるようにすることをねらいとしている。

本事項は，第1学年に示した内容と同様であるが，第1学年における学習を基盤

とし，創意工夫の質的な高まりに応じて，身に付ける技能も高まっていくことに留意する必要がある。

　例えば，各声部の役割と声量のバランスを踏まえ，強弱の変化について創意工夫したことを生かし，合わせて歌えるようにするために，他の声部の声量や声質に合わせて，自分の声量や発声を調節できるように歌い方を工夫するなどの活動が考えられる。その際，「主旋律を歌うソプラノパートの声を聴きながら，その声量に合わせてバスパートを歌う自分の声量を大きくすれば，響きに安定感が出るのではないか」，「主旋律を歌うアルトパートの声を聴きながら，その音色に合わせて柔らかな声が出せるような発声を工夫してみよう」などのように，他者や他の声部の声，全体の響きなどを意識して，他者と合わせて歌うよさや必要性を感じながら技能を身に付けていくことができるようにすることが大切である。

　このように，本事項では，第１学年の学習と同様，生徒が思いや意図をもち，全体の響きや各声部の声などを聴きながら他者と合わせて歌う技能を身に付けられるようにすることを求めている。

> (2) 器楽の活動を通して，次の事項を身に付けることができるよう指導する。
> 　ア　器楽表現に関わる知識や技能を得たり生かしたりしながら，曲にふさわしい器楽表現を創意工夫すること。
> 　イ　次の(ア)及び(イ)について理解すること。
> 　　(ア)　曲想と音楽の構造や曲の背景との関わり
> 　　(イ)　楽器の音色や響きと奏法との関わり
> 　ウ　次の(ア)及び(イ)の技能を身に付けること。
> 　　(ア)　創意工夫を生かした表現で演奏するために必要な奏法，身体の使い方などの技能
> 　　(イ)　創意工夫を生かし，全体の響きや各声部の音などを聴きながら他者と合わせて演奏する技能

　ここでは，第2学年及び第3学年における器楽に関する指導事項を示しており，以下の，題材を構想する上で必要となる配慮事項を踏まえて指導することが求められる。

（指導計画の作成と内容の取扱い）

> 1　指導計画の作成に当たっては，次の事項に配慮するものとする。
> 　(2)　第2の各学年の内容の「A表現」の(1)，(2)及び(3)の指導については，ア，イ及びウの各事項を，「B鑑賞」の(1)の指導については，ア及びイの各事項を適切に関連させて指導すること。
> 　(3)　第2の各学年の内容の〔共通事項〕は，表現及び鑑賞の学習において共通に必要となる資質・能力であり，「A表現」及び「B鑑賞」の指導と併せて，十分な指導が行われるよう工夫すること。

　第2学年及び第3学年の器楽分野では，〔共通事項〕に示す資質・能力と併せて，アに示す「思考力，判断力，表現力等」に関する資質・能力，イに示す「知識」に関する資質・能力，ウに示す「技能」に関する資質・能力を育てていくことが指導のねらいとなる。したがって，器楽の学習は，ア，イの(ア)(イ)のいずれか又は両方，ウの(ア)(イ)のいずれか又は両方の各事項を組み合わせた題材を設定して行うこととなる。

　例えば，ア，イの(イ)，ウの(ア)を組み合わせた題材を設定する場合，「楽器の音色や響きと奏法との関わりを理解するとともに，それらを生かした曲にふさわしい器楽表現を創意工夫しながら演奏すること」という内容を指導することとなる。これは，従前の指導事項「楽器の特徴を理解し，基礎的な奏法を生かして演奏するこ

と」において育成を目指す資質・能力を，今回の改訂で明確化したものと考えることができる。

> ア　器楽表現に関わる知識や技能を得たり生かしたりしながら，曲にふさわしい器楽表現を創意工夫すること。

　この事項は，器楽分野における「思考力，判断力，表現力等」に関する資質・能力である，**曲にふさわしい器楽表現を創意工夫すること**ができるようにすることをねらいとしている。
　器楽表現に関わる知識はイに，**技能**はウに示すものを指す。
　器楽の学習では，器楽表現を創意工夫する過程で，様々な表現を試しながら，新たな知識や技能を習得することと，既に習得している知識や技能を活用することの両方が大切になるため，第1学年と同様，知識や技能を**得たり生かしたりしながら**としている。このように，新たな知識や技能の習得は，創意工夫の過程で行われるものであることから，創意工夫に必要な知識や技能を習得してから創意工夫をするといったような一方向のみの授業にはならないよう留意する必要がある。
　第1学年は「器楽表現を創意工夫すること」としているが，第2学年及び第3学年は「曲にふさわしい器楽表現を創意工夫すること」としている。
　曲にふさわしいとは，多くの人が共通に感じ取れるような，曲固有のよさや特徴の捉え方を意味している。
　したがって，本事項は，多くの人が共通に感じ取れるような，曲固有のよさや特徴を捉えた上で，その曲について解釈し，第1学年よりも更に自らの価値判断を伴ったより豊かな音楽表現の創意工夫ができることを目指している。
　指導に当たっては，創意工夫する過程を大切にして，生徒の思考の流れを把握しながら，適切な手立てを講じ，その曲にふさわしい器楽表現に対する思いや意図の質を高められるよう留意する必要がある。

> イ　次の(ｱ)及び(ｲ)について理解すること。
> 　(ｱ)　曲想と音楽の構造や曲の背景との関わり

　この事項は，器楽分野における「知識」に関する資質・能力である，**曲想と音楽の構造や曲の背景との関わり**を理解できるようにすることをねらいとしている。
　第1学年は「曲想と音楽の構造との関わり」としているが，第2学年及び第3学年では「曲の背景」を加えて示している。
　曲の背景とは，曲の成立背景，作曲者にまつわる事柄，曲が生み出され育まれて

きた風土，文化や歴史などのことである。音楽は，その背景となる文化や歴史，他の芸術などから直接，間接に影響を受けており，それが音楽の特徴となって表れている。

　本事項は，「曲想と音楽の構造との関わり」，「曲想と曲の背景との関わり」の理解を求めている事項である。「曲想と曲の背景との関わり」については，その背景が「音楽の構造」とも関わっていることに配慮して学習することが重要である。また，**曲想，音楽の構造，曲の背景**はそれぞれ関連するものであることから，これらを一体的に理解する学習をすることも考えられる。

　このように，その音楽固有の雰囲気や表情，味わいなどが，どのような音楽の構造や曲の背景によって生み出されているのかを捉えていくことが，この事項で求めている理解である。

　第2学年及び第3学年において，「曲想と曲の背景との関わり」の理解を加えることは，生徒が教材曲のよさを捉え直し，更に曲に対する捉え方を質的に深め，自分にとっての意味を見いだしたり，「なぜこの楽器がこの地域で生まれたのか」，「音楽が人々の生活や社会に果たす役割は何か」などについて考えたりすることにつながるものである。

(イ)　楽器の音色や響きと奏法との関わり

　この事項は，器楽分野における「知識」に関する資質・能力である，**楽器の音色や響きと奏法との関わり**を理解できるようにすることをねらいとしている。

　本事項は，第1学年に示した内容と同様であるが，第2学年及び第3学年では，更に学習内容の充実を図り，楽器の音色や響きと奏法との関わりについての理解を一層深めていくこととなる。

　第2学年及び第3学年では，それぞれの楽器の構造，音色や響き，奏法，楽器の様々な組合せによる表現の特徴を理解することなども重要となる。また，その楽器がどのような曲種で用いられてきたかということや，その楽器を生み出した風土，文化や歴史などについて学習することは，楽器の構造や奏法を知ったり，その楽器固有の音色や響きのよさなどを捉えたりする際にも有効である。

　このように，第1学年の学習を基盤とし，更に学習内容を充実するとともに，楽器には，その楽器固有の音色や響きがあり，そのことが奏法と密接に関わっていることを捉えていくことが，この事項で求めている理解である。

> ウ 次の(ア)及び(イ)の技能を身に付けること。
> (ア) 創意工夫を生かした表現で演奏するために必要な奏法,身体の使い方などの技能

　この事項は,器楽分野における「技能」に関する資質・能力である,**創意工夫を生かした表現で演奏するために必要な奏法,身体の使い方などの技能**を身に付けて演奏できるようにすることをねらいとしている。

　本事項は,第1学年に示した内容と同様であるが,第1学年における学習を基盤とし,創意工夫の質的な高まりに応じて,身に付ける技能も高まっていくことに留意する必要がある。

　例えば,ギターを用いた学習において,生徒が「軽快さを感じるこの曲は,踊りの曲として作曲された曲なので,アクセントが付いている音を響きのある音で弾き,踊りやすい速度で踊りの動きを止めないように演奏したい」という思いや意図をもったとき,弦の押さえ方とアクセントを生かすストロークの仕方やそれぞれのタイミングの合わせ方など,複数の技能を関わらせて,よりふさわしい演奏の仕方を工夫しながら技能を身に付けていく学習が考えられる。

　なお,第2学年及び第3学年において中学校で初めて体験する楽器については,対象となる教材曲の表現に必要とされる楽器の初歩的な奏法,身体の使い方を身に付けられるようにし,それを生かした表現となるように配慮する必要がある。

　このように,本事項では,第1学年の学習と同様,技能の習得に関する学習を創意工夫の過程に位置付けることによって,生徒が必要性を感じながら,奏法,身体の使い方などの技能を身に付けられるようにすることを求めている。

> (イ) 創意工夫を生かし,全体の響きや各声部の音などを聴きながら他者と合わせて演奏する技能

　この事項は,器楽分野における「技能」に関する資質・能力である,**創意工夫を生かし,全体の響きや各声部の音などを聴きながら他者と合わせて演奏する技能**を身に付けて演奏できるようにすることをねらいとしている。

　本事項は,第1学年に示した内容と同様であるが,第1学年における学習を基盤とし,創意工夫の質的な高まりに応じて,身に付ける技能も高まっていくことに留意する必要がある。

　例えば,各声部の役割と音量のバランスを踏まえ,速度の変化について創意工夫したことを生かし,合わせて演奏できるようにするために,他の声部の音量や音色,速度に合わせて,自分の音量や音色,速度を調節できるように演奏の仕方を工

夫するなどの活動が考えられる。その際,「主旋律の音色を聴きながら,その音色に合わせて柔らかい音色で演奏した方が全体のバランスがよくなるのではないか」,「打楽器パートが表現しているクレシェンドとaccel.が曲のイメージに合っていたので,打楽器パートをよく聴きながら,音量と速度の変化のさせ方を合わせられるようにしよう」などのように,他者や他の声部の音,全体の響きなどを意識して,他者と合わせて演奏するよさや必要性を感じながら技能を身に付けていくことができるようにすることが大切である。

なお,我が国の伝統音楽などでは,歌唱と合わせて演奏することも考えられる。その際は,(1)歌唱のウの(イ)との関連を図ることも大切である。

このように,本事項では,第1学年の学習と同様,生徒が思いや意図をもち,全体の響きや各声部の音などを聴きながら他者と合わせて演奏する技能を身に付けられるようにすることを求めている。

> (3) 創作の活動を通して，次の事項を身に付けることができるよう指導する。
>   ア　創作表現に関わる知識や技能を得たり生かしたりしながら，まとまりのある創作表現を創意工夫すること。
>   イ　次の(ア)及び(イ)について，表したいイメージと関わらせて理解すること。
>   (ア)　音階や言葉などの特徴及び音のつながり方の特徴
>   (イ)　音素材の特徴及び音の重なり方や反復，変化，対照などの構成上の特徴
>   ウ　創意工夫を生かした表現で旋律や音楽をつくるために必要な，課題や条件に沿った音の選択や組合せなどの技能を身に付けること。

　ここでは，第2学年及び第3学年における創作に関する指導事項を示しており，以下の，題材を構想する上で必要となる配慮事項を踏まえて指導することが求められる。

（指導計画の作成と内容の取扱い）

> 1　指導計画の作成に当たっては，次の事項に配慮するものとする。
>   (2) 第2の各学年の内容の「A表現」の(1)，(2)及び(3)の指導については，ア，イ及びウの各事項を，「B鑑賞」の(1)の指導については，ア及びイの各事項を適切に関連させて指導すること。
>   (3) 第2の各学年の内容の〔共通事項〕は，表現及び鑑賞の学習において共通に必要となる資質・能力であり，「A表現」及び「B鑑賞」の指導と併せて，十分な指導が行われるよう工夫すること。

　第2学年及び第3学年の創作分野では，〔共通事項〕に示す資質・能力と併せて，アに示す「思考力，判断力，表現力等」に関する資質・能力，イに示す「知識」に関する資質・能力，ウに示す「技能」に関する資質・能力を育てていくことが指導のねらいとなる。したがって，創作の学習は，ア，イの(ア)(イ)のいずれか又は両方，ウの各事項を組み合わせた題材を設定して行うこととなる。

　例えば，ア，イの(イ)，ウを組み合わせた題材を設定する場合，「表したいイメージと関わらせながら，音素材の特徴及び音の重なり方や反復，変化，対照などの構成上の特徴を理解するとともに，それらを生かしたまとまりのある創作表現を創意工夫して音楽をつくること」という内容を指導することとなる。これは，従前の指導事項「表現したいイメージをもち，音素材の特徴を生かし，反復，変化，対照などの構成や全体のまとまりを工夫しながら音楽をつくること」において育成を目指す資質・能力を，今回の改訂で明確化したものと考えることができる。

> ア　創作表現に関わる知識や技能を得たり生かしたりしながら，まとまりのある創作表現を創意工夫すること。

　この事項は，創作分野における「思考力，判断力，表現力等」に関する資質・能力である，**まとまりのある創作表現を創意工夫すること**ができるようにすることをねらいとしている。

　創作表現に関わる知識はイに，**技能**はウに示すものを指す。

　創作の学習では，創作表現を創意工夫する過程で，様々な表現を試しながら，新たな知識や技能を習得することと，既に習得している知識や技能を活用することの両方が大切になるため，第１学年と同様，知識や技能を**得たり生かしたりしながら**としている。このように，新たな知識や技能の習得は，創意工夫の過程で行われるものであることから，創意工夫に必要な知識や技能を習得してから創意工夫をするといったような一方向のみの授業にはならないよう留意する必要がある。

　第１学年は「創作表現を創意工夫すること」としているが，第２学年及び第３学年は「まとまりのある創作表現を創意工夫すること」としている。

　音楽における**まとまり**は，旋律やリズムが反復，変化したり，あるいは対照的なものと組み合わさったりすることなどによって生まれるものである。**まとまり**には，「Ａ－Ｂ－Ａ」のような一般化された形式のほか，構成を工夫することによって生徒が根拠をもって見いだした様々なまとまりが含まれる。

　本事項の学習では，音楽をつくる条件として形式などを提示すればよいということではなく，生徒がまとまりを感じ，その根拠を〔共通事項〕アと関わらせた指導によって明らかにしていく過程が大切である。例えば，複数の参考作品を例示し，生徒が「まとまりがある」と感じるものと「まとまりがない」と感じるものとを比較し，その要因を探り，**まとまりのある**音楽をつくる際の工夫点を見いだしていくなどの学習が考えられる。その際，歌唱や器楽，鑑賞における既習曲などを参考にすることも有効な手段の一つである。

　したがって，本事項は，生徒が音楽を形づくっている要素の働かせ方を様々に試しながら，音楽としての**まとまり**について工夫することを大切にし，第１学年よりも更に自らの価値判断を伴ったより豊かな音楽表現の創意工夫ができることを目指している。

　指導に当たっては，創意工夫する過程を大切にして，生徒の思考の流れを把握しながら，適切な手立てを講じ，まとまりのある創作表現に対する思いや意図の質を高められるよう留意する必要がある。なお，第１学年における創作の学習の経験などを生かして，生徒の実態に応じた学習過程を工夫し，生徒が創作表現を創意工夫する楽しさや喜びを一層実感できるようにすることが重要である。

> イ 次の(ア)及び(イ)について，表したいイメージと関わらせて理解すること。

　この事項は，創作分野における「知識」に関する資質・能力である，(ア)音階や言葉などの特徴及び音のつながり方の特徴及び(イ)音素材の特徴及び音の重なり方や反復，変化，対照などの構成上の特徴を表したいイメージと関わらせて理解できるようにすることをねらいとしている。

　表したいイメージと関わらせて理解することとしているのは，第1学年と同様であるが，第2学年及び第3学年では，更に学習内容の充実を図り，(ア)や(イ)について，表したいイメージと関わらせた理解を一層深めていくこととなる。

　創作の学習における**イメージ**についても第1学年と同様であるが，第2学年及び第3学年では，音や音楽とこれまでの生活経験などとが結び付いて喚起されるものを大切にするなど，更に豊かなイメージをもつことができるよう指導を工夫することが大切である。

　以下に示す(ア)及び(イ)について，**表したいイメージと関わらせて理解する**ためには，第1学年と同様，〔共通事項〕と関わらせた指導によって，自分が表したいイメージと(ア)や(イ)との関わりを自分自身で捉えていく過程が必要である。

> (ア) 音階や言葉などの特徴及び音のつながり方の特徴

　この事項は，創作分野における「知識」に関する資質・能力である，**音階や言葉などの特徴及び音のつながり方の特徴**を表したいイメージと関わらせて理解できるようにすることをねらいとしている。

　第1学年は「音のつながり方の特徴」としているが，第2学年及び第3学年では「音階や言葉などの特徴」を加えて示している。**など**としているのは，**音階や言葉**のほかに，様々な旋法なども含まれるからである。

　音階や言葉などの特徴は，旋律をつくるための手掛かりとなるものである。従前は「言葉や音階などの特徴」としていたが，今回の改訂では，音楽活動との関わりを重視し，**音階や言葉など**とした。音階の特徴には，音階の構成音によって生み出される独特な雰囲気など，言葉の特徴には，抑揚，アクセント，リズムなどが挙げられる。

　第2学年及び第3学年では，従前も「言葉や音階などの特徴を生かし」と示していたように，第1学年での学習を踏まえ，音階や言葉などの特徴と表したいイメージとを関わらせて考えながら，旋律をつくっていくことが大切となる。例えば，いくつかの種類の五音音階の特徴を捉え，それらの中から音階を選択して楽器のための旋律をつくること，言葉の抑揚やリズムの特徴を捉えやすい俳句などを取り上

げ，言葉の抑揚やリズムの特徴を生かして声のための旋律をつくることなどが考えられる。このような学習の過程で，生徒は，**音階や言葉などの特徴**を表したいイメージと関わらせて理解するのである。また，音楽文化についての理解を深める観点から，必要に応じて，音階や言葉などが，どのような風土，文化や歴史との関わりで生み出されているかなどに触れることも考えられる。

なお，旋律をつくる手掛かりとして，我が国の伝統音楽に見られる「手」などの旋律型を基にしてそれを発展させるようにつくったり，コード進行を基にしてそれに合う旋律をつくったりすることなども考えられる。

本事項は，「音階や言葉などの特徴について表したいイメージと関わらせて理解すること」と，「音のつながり方の特徴について表したいイメージと関わらせて理解すること」を求めている事項である。また，**音階や言葉などの特徴**と**音のつながり方の特徴**は相互に関連するものであることから，これらを表したいイメージと関わらせて一体的に理解する学習をすることも考えられる。

(イ) 音素材の特徴及び音の重なり方や反復，変化，対照などの構成上の特徴

この事項は，創作分野における「知識」に関する資質・能力である，**音素材の特徴及び音の重なり方や反復，変化，対照などの構成上の特徴**を表したいイメージと関わらせて理解できるようにすることをねらいとしている。

本事項は，第1学年に示した内容と同様であるが，第2学年及び第3学年では，更に学習内容の充実を図り，音素材の特徴や構成上の特徴について，表したいイメージと関わらせた理解を一層深めていくこととなる。

音素材の特徴に関する指導に当たっては，例えば，第1学年でつくった旋律を，電子キーボードなどを用いて様々な種類の音素材の音色で聴かせ，生徒に，同じ旋律であっても，音素材が異なることによって感受される特質や雰囲気に変化が生じることを体験できるようにする。そして，生徒が，様々な音素材による演奏を聴いたことによって喚起されたイメージから発想を得て，表したいイメージを膨らませながら音が持続したり減衰したり短く切れたりするなどの音素材の特徴を捉え，自分が用いたい音素材を選択するなどの学習が考えられる。

構成上の特徴の理解に関する指導に当たっては，例えば，和声的な重なりから一体感などを感じたり，多声的な重なりから互いに引き立て合う面白さなどを感じたりするなど，異なる重なり方の音楽を聴いたことによって喚起されたイメージから発想を得て，表したいイメージを膨らませながら音の重なり方の特徴を捉え，自分が用いたい音の重ね方を選択できるようにすることなどが大切である。また，反復と変化が効果的に用いられている音楽を聴き，反復や変化が用いられることによっ

て喚起されたイメージから発想を得て,表したいイメージを膨らませながら,反復している,変化している,対照的になっているなどの特徴を捉え,自分が用いたい反復や変化のさせ方などを選択できるようにすることなどが大切である。

その際,第1学年での理解をさらに深めることができるように,例えば,ある短い旋律やリズム・パターンを反復,変化させながら,ある程度の長さをもったまとまりのある音楽をつくったり,旋律やリズム・パターンを重ねながら,複数声部による音楽をつくったりしていくような活動を通して,実感を伴いながら理解することが重要である。

このように,第1学年の学習を基盤とし,さらに学習内容を充実するとともに,音素材及び音の重なり方や反復,変化,対照などによって生み出される特質や雰囲気と自分が表したいイメージとの関わりを捉えていくことが,この事項で求めている理解である。

> ウ 創意工夫を生かした表現で旋律や音楽をつくるために必要な,課題や条件に沿った音の選択や組合せなどの技能を身に付けること。

この事項は,創作分野における「技能」に関する資質・能力である,**創意工夫を生かした表現で旋律や音楽をつくるために必要な,課題や条件に沿った音の選択や組合せなどの技能**を身に付けて,音楽をつくることができるようにすることをねらいとしている。

本事項は,第1学年に示した内容と同様であるが,第1学年における学習を基盤とし,音楽をつくる際の課題や条件,生徒の創意工夫の質的な高まりに応じて,身に付ける技能も高まっていくことに留意する必要がある。

例えば,「2小節の長さでつくったハ長調の動機を,反復,変化させたり,重ねたりするなどして,2本のアルトリコーダーのためのまとまりのある音楽をつくること」という課題や条件に沿って旋律をつくる際の技能は次のように考えることができる。

① ハ長調の音階から音を選んで,ハ長調の特徴を生かした2小節の動機をつくっている。

② まとまりのある感じを生み出すための根拠に基づいて,つくった動機を反復,変化させたり,重ねたりして,音楽をつくっている。

③ 2本のアルトリコーダーで演奏することのできる音楽をつくっている。

上記の①②では,まとまりのある創作表現を創意工夫する過程で理解した,イの(ア)や(イ)の知識を根拠として,「ハ長調の特徴」や「まとまりのある感じ」を表す音を選んだり組み合わせたりしていることが必要である。そのことによって,本事項

の学習が,ア及びイの各事項での学習と密接に関わり,技能の習得が,生徒にとって必要性を感じられるものとなる。

③における「演奏することのできる」とは,あくまで「2本のアルトリコーダーで」であり,創作した生徒本人が演奏できることを必ずしも求めているものではない。すなわち,創作分野における技能は,**旋律や音楽をつくるために必要な技能**であり,つくった作品を演奏することができる技能ではないことに留意する必要がある。また,③のように楽器や編成を指定する場合は,楽器の音色や響き,奏法など,器楽分野で学んだことが生かせるようにすることも大切である。

このように,本事項では,第1学年の学習と同様,技能の習得に関する学習を創意工夫の過程に位置付けることによって,生徒が必要性を感じながら,学習のねらいに即した適切な課題や条件に沿った音の選択や組合せなどの技能を身に付けられるようにすることを求めている。また,第2学年及び第3学年では,生徒に,自分の思いや意図を,つくった音楽によって他者に伝えられるようにすることを一層意識させることが,より確かな技能の習得につながることも考慮したい。

(2) B 鑑賞

> (1) 鑑賞の活動を通して,次の事項を身に付けることができるよう指導する。
>   ア 鑑賞に関わる知識を得たり生かしたりしながら,次の(ア)から(ウ)までについて考え,音楽のよさや美しさを味わって聴くこと。
>   (ア) 曲や演奏に対する評価とその根拠
>   (イ) 生活や社会における音楽の意味や役割
>   (ウ) 音楽表現の共通性や固有性
>   イ 次の(ア)から(ウ)までについて理解すること。
>   (ア) 曲想と音楽の構造との関わり
>   (イ) 音楽の特徴とその背景となる文化や歴史,他の芸術との関わり
>   (ウ) 我が国や郷土の伝統音楽及び諸外国の様々な音楽の特徴と,その特徴から生まれる音楽の多様性

ここでは,第2学年及び第3学年における鑑賞に関する指導事項を示しており,以下の,題材を構想する上で必要となる配慮事項を踏まえて指導することが求められる。

(指導計画の作成と内容の取扱い)

> 1 指導計画の作成に当たっては,次の事項に配慮するものとする。
>   (2) 第2の各学年の内容の「A表現」の(1),(2)及び(3)の指導については,ア,イ及びウの各事項を,「B鑑賞」の(1)の指導については,ア及びイの各事項を適切に関連させて指導すること。
>   (3) 第2の各学年の内容の〔共通事項〕は,表現及び鑑賞の学習において共通に必要となる資質・能力であり,「A表現」及び「B鑑賞」の指導と併せて,十分な指導が行われるよう工夫すること。
> 2 第2の内容の取扱いについては,次の事項に配慮するものとする。
>   (8) 各学年の「B鑑賞」の指導に当たっては,次のとおり取り扱うこと。
>   イ 第1学年では言葉で説明したり,第2学年及び第3学年では批評したりする活動を取り入れ,曲や演奏に対する評価やその根拠を明らかにできるよう指導を工夫すること。

第2学年及び第3学年の鑑賞領域では,〔共通事項〕に示す資質・能力と併せて,アに示す「思考力,判断力,表現力等」に関する資質・能力,イに示す「知識」に関する資質・能力を育てていくことが指導のねらいとなる。したがって,鑑賞の学習は,アの(ア)(イ)(ウ)のうち一つ以上,イの(ア)(イ)(ウ)のうち一つ以上の各事項を組み合わ

せた題材を設定して行うこととなる。

　例えば，アの(ウ)，イの(ウ)を組み合わせた題材を設定する場合，「我が国や郷土の伝統音楽及び諸外国の様々な音楽の特徴と，その特徴から生まれる音楽の多様性を理解するとともに，音楽表現の共通性や固有性を考え，音楽のよさや美しさを味わって聴くこと」という内容を指導することとなる。これは，従前の指導事項「ウ　我が国や郷土の伝統音楽及び諸外国の様々な音楽の特徴から音楽の多様性を理解して，鑑賞すること」において育成を目指す資質・能力を，今回の改訂で明確化したものと考えることができる。

　「第3　指導計画の作成と内容の取扱い」の2の(8)のイでは，言葉で説明したり批評したりする活動を取り入れることに関する配慮事項を示している。従前は，このことについて「第2　各学年の目標及び内容」の各学年の「B鑑賞」において，第1学年では「言葉で説明するなどして」，第2学年及び第3学年では「根拠をもって批評するなどして」として示していた。今回の改訂では，「第2　各学年の目標及び内容」に育成を目指す資質・能力を整理して示すこととし，言葉で説明したり批評したりする活動については，資質・能力を育成する際の配慮事項として，「第3　指導計画の作成と内容の取扱い」に示している。

　なお，生徒の発達の段階に応じて第1学年は「言葉で説明」する，第2学年及び第3学年は「批評する」としているが，この活動の位置付けの趣旨は同様である。第2学年及び第3学年においては，第1学年での他者に言葉で説明する活動を通した学習を踏まえ，生徒の実態等に応じて，他者と共に論じ合う，批評する活動を取り入れて，音楽を聴き味わうことが一層深まっていくように配慮する。このような活動を積み重ねることにより，音楽に対する感性が一層豊かになり，自分にとっての音楽の価値を見いだしていくことにつながっていく。

> ア　鑑賞に関わる知識を得たり生かしたりしながら，次の(ア)から(ウ)までについて考え，音楽のよさや美しさを味わって聴くこと。

　この事項は，鑑賞領域における「思考力，判断力，表現力等」に関する資質・能力である(ア)から(ウ)までについて考え，音楽のよさや美しさを味わって聴くことができるようにすることをねらいとしている。

　鑑賞に関わる知識とは，イに示すものを指す。

　鑑賞の学習では，音楽のよさや美しさを味わって聴く過程で，新たな知識を習得することと，既に習得している知識を活用することの両方が大切になるため，第1学年と同様，知識を**得たり生かしたりしながら**としている。このように，新たな知識の習得は，音楽のよさや美しさを味わって聴く過程で行われるものであることか

ら，知識を習得してから音楽のよさや美しさを味わって聴くといったような一方向のみの授業にはならないよう留意する必要がある。

また，第1学年では「自分なりに考え」としているが，第2学年及び第3学年では「考え」としている。これは，第1学年の学習を更に発展させて，第2学年及び第3学年では，生徒一人一人が，アの(ア)(イ)(ウ)に示す内容について自分なりの考えをもつとともに，自分とは異なる他者の考えにも耳を傾けるなどして，他者との関わりの中から自分の価値意識を再確認し，自分としての考えを一層深めていくようにすることが大切だからである。

(ア) 曲や演奏に対する評価とその根拠

この事項は，鑑賞領域における「思考力，判断力，表現力等」に関する資質・能力である，**曲や演奏に対する評価とその根拠**について**考え，音楽のよさや美しさを味わって聴くこと**ができるようにすることをねらいとしている。

本事項は，第1学年に示した内容と同様であるが，第2学年及び第3学年においては，学習が一層深まっていくように配慮することが大切である。

指導に当たっては，生徒が感じ取った曲想を，自分の生活経験と結び付けて捉えるなどして，自分としての感じ方を広げ，それと音楽の構造との関わりを捉え，解釈を深めていくことができるように指導を工夫することが大切である。

また，例えば，イの(イ)と関連させて，その音楽の背景となる文化や歴史，他の芸術との関わりが，音楽を形づくっている要素や音楽の構造としてどのように表れているのかを考え，そのことが，曲や演奏に対する評価とその根拠に生かされ，一層深く理解できるようにするなどの工夫が求められる。

このように，本事項の学習は，第1学年の学習と同様，イに示す知識に関する学習と一体的に行われることによって成立することに十分留意する必要がある。そのことがこの事項の学習を深めていくこととなり，曲や演奏に対する評価とその根拠を考えることにつながっていく。

(イ) 生活や社会における音楽の意味や役割

この事項は，鑑賞領域における「思考力，判断力，表現力等」に関する資質・能力である，**生活や社会における音楽の意味や役割**について**考え，音楽のよさや美しさを味わって聴くこと**ができるようにすることをねらいとしている。

本事項は，第1学年に示した内容と同様であるが，第2学年及び第3学年においては，学習が一層深まっていくように配慮することが大切である。

第2学年及び第3学年においては，第1学年の学習を基盤として，教材として扱う音楽のジャンルや時代などを広げて扱うことが考えられる。例えば，我が国の伝統音楽のうち総合芸術として存在している歌舞伎や能楽などを扱ったり，世界の様々な国や地域の生活や文化などと結び付きが深い諸民族の音楽を扱ったり，さらに，ロックやジャズなどのポピュラー音楽を扱ったりすることによって，生活や社会における音楽の意味や役割について，更に幅広く，また深く理解することのできる学習になるよう留意する必要がある。

　様々な地域や時代の生活や社会において，これらの多種多様な音楽それぞれがもつ意味や，果たしている役割などについて生徒が考えることは，音楽を文化として捉え，音楽文化について考えることにつながっていく。

　このように，本事項の学習は，第1学年と同様，イに示す知識に関する学習と一体的に行われることによって成立することに十分留意する必要がある。そのことがこの事項の学習を深めていくこととなり，生活や社会における音楽の意味や役割を考えることにつながっていく。

(ウ)　音楽表現の共通性や固有性

　この事項は，鑑賞領域における「思考力，判断力，表現力等」に関する資質・能力である，**音楽表現の共通性や固有性**について**考え**，**音楽のよさや美しさを味わって聴くこと**ができるようにすることをねらいとしている。

　本事項は，第1学年に示した内容と同様であるが，第2学年及び第3学年においては，学習が一層深まっていくように配慮することが大切である。

　例えば，能楽，歌舞伎，オペラ，ミュージカルなどを教材として扱い，生徒が，いずれの音楽も文学や演劇などと融合し，その内容を音楽で表現する際の表し方に共通性があることに気付いたり，様々な感情を音楽で表す際，それぞれの音楽表現の特徴が異なっていることから，それぞれの固有性があることに気付いたりすることなどが考えられる。

　指導に当たっては，教材として扱う音楽の固有のよさなどを見いだすことができるようにすることを大切にし，生徒が，音楽の多様性に対する興味・関心を広げ，音楽文化を尊重することにつながっていくようにすることが望まれる。

　このように，本事項の学習は，イに示す知識に関する学習と一体的に行われることによって成立することに十分留意する必要がある。そのことがこの事項の学習を深めていくこととなり，音楽表現の共通性や固有性を考えることにつながっていく。

> イ 次の(ｱ)から(ｳ)までについて理解すること。
> 　(ｱ) 曲想と音楽の構造との関わり

　この事項は，鑑賞領域における「知識」に関する資質・能力である，**曲想と音楽の構造との関わり**を理解できるようにすることをねらいとしている。

　本事項は，第１学年に示した内容と同様であるが，第２学年及び第３学年においては，学習が一層深まっていくように配慮することが大切である。

　指導に当たっては，第２学年及び第３学年では，第１学年の学習より，更に詳細に音楽を捉える視点をもって，音楽の構造についてより深く理解できるようにすることが考えられる。また，第１学年で教材として取り扱う曲よりも，複雑な構造をもった曲を取り上げることも考えられる。いずれにおいても，この事項では，単に音楽の構造がどのようになっているかについて知る，ということに留まるのではなく，生徒が感じ取った曲想と音楽の構造との関わりの理解を深められるようにする必要がある。

　このように，第１学年の学習を基盤とし，更に学習の内容を充実するとともに，その音楽固有の雰囲気や表情，味わいなどが，どのような音楽の構造によって生み出されているのかを捉えていくことが，この事項で求めている理解である。

> 　(ｲ) 音楽の特徴とその背景となる文化や歴史，他の芸術との関わり

　この事項は，鑑賞領域における「知識」に関する資質・能力である，**音楽の特徴とその背景となる文化や歴史，他の芸術との関わり**を理解できるようにすることをねらいとしている。

　本事項は，第１学年に示した内容と同様であるが，第２学年及び第３学年においては，学習が一層深まっていくように配慮することが大切である。

　例えば，ある地域で古くから踊られてきた舞踊に影響を受けた曲を鑑賞し，リズムや速度，形式からその音楽の特徴を捉える。次に，その舞踊を生み出してきた地域や時代，人々の暮らしなどについて調べたり舞踊そのものを鑑賞したりして，それらが音楽に与えている影響について考える。このような活動を通して，音楽の特徴と背景となる文化や歴史，他の芸術との関連を理解し，それを意識しながら再び曲を鑑賞することが考えられる。

　さらに，現在も，社会の変化や文化の発展とともに様々な音楽が誕生している。このような音楽の背景に目を向けることが，音楽の捉え方を広げ，日常生活の中で親しんでいる音楽も含めて，音楽を文化として捉え，音楽文化について考えることにつながっていく。

指導に当たっては，イの㋐との関連を図るなどして，音楽の特徴を理解できるようにするとともに，音楽が，人々の暮らしとともに育まれてきた文化であることなどを，生徒が自ら捉えることができるようにすることが大切である。

　このように，第1学年の学習を基盤とし，更に学習の内容を充実するとともに，音楽がその背景となる文化や歴史，他の芸術と，どのような関わりをもっていることによって，どのような音楽の特徴が表れているのかを捉えていくことが，この事項で求めている理解である。

> ㋒　我が国や郷土の伝統音楽及び諸外国の様々な音楽の特徴と，その特徴から生まれる音楽の多様性

　この事項は，鑑賞領域における「知識」に関する資質・能力である，**我が国や郷土の伝統音楽及び諸外国の様々な音楽の特徴と，その特徴から生まれる音楽の多様性**を理解できるようにすることをねらいとしている。

　第1学年は「我が国や郷土の伝統音楽及びアジア地域の諸民族の音楽」を扱うこととしているが，第2学年及び第3学年は「我が国や郷土の伝統音楽及び諸外国の様々な音楽」へと対象を広げている。

　第1学年においても**音楽の多様性**を理解する学習が行われるが，第2学年及び第3学年においては，音楽が多様であることの理解に留まらず，人々の暮らしとともに音楽文化があり，そのことによって様々な特徴をもつ音楽が存在していることを理解できるようにすることが大切である。その理解は，自らの音楽に対する価値意識を広げ，人類の音楽文化の豊かさに気付き，尊重することにつながっていく。

　指導に当たっては，イの㋐との関連を図るなどして，我が国や郷土の伝統音楽及び諸外国の様々な音楽のそれぞれの特徴を比較したり関連付けたりして聴き，共通点や相違点，あるいはその音楽だけに見られる固有性などから，音楽の多様性を理解できるようにすることが大切である。

　このように，第1学年の学習を基盤とし，更に学習の内容を充実するとともに，様々な音楽の特徴を捉え，比較したり関連付けたりすることによって，音楽の多様性を見いだしていけるようにすることが，この事項で求めている理解である。

　なお，本事項で求めているのは「音楽の多様性の理解」であり，音楽の曲種や曲数の多さを知ることではないことに留意する必要がある。したがって，教材として扱う曲種や曲数が多ければよいということではなく，どのような教材を用いて，何に基づいた比較や関連付けを促し，どのような視点から音楽の多様性を見いだすことができるようにするのかを明確にした指導となるよう工夫することが大切である。

⑶ 〔共通事項〕

> (1) 「A表現」及び「B鑑賞」の指導を通して，次の事項を身に付けることができるよう指導する。

　〔共通事項〕は，表現及び鑑賞の学習において共通に必要となる資質・能力であり，「A表現」及び「B鑑賞」の各事項の指導と併せて適切に指導する必要がある。
　〔共通事項〕は，第1学年に示した内容と同様であるが，第2学年及び第3学年においては，更に学習を深められるように配慮することが大切である。

> ア　音楽を形づくっている要素や要素同士の関連を知覚し，それらの働きが生み出す特質や雰囲気を感受しながら，知覚したことと感受したこととの関わりについて考えること。

　この事項は，音楽科における「思考力，判断力，表現力等」に関する資質・能力である。**音楽を形づくっている要素や要素同士の関連を知覚し，それらの働きが生み出す特質や雰囲気を感受しながら，知覚したことと感受したこととの関わりについて考えること**ができるようにすることをねらいとしている。
　第2学年及び第3学年においては，第1学年での学習を踏まえ，知覚・感受することや，それらの関わりについての考えを深められるようにすることが大切である。例えば，リズムや旋律などのそれぞれの詳細な表れ方に着目し，それらが速度やテクスチュアとどのように関わり合っているかということに焦点を当てて考えることなどが挙げられる。
　また，知覚・感受することや，それらの関わりについての考えを深められるようにすることは，〔共通事項〕イや各領域及び分野の事項イなど，「知識」に関する事項の学習を深めることにもつながる。例えば，第1学年の学習で，「 ff は『とても強く』という意味で，力強さや大きな喜びなどを表すことができる」と理解していた生徒が，さらに詳細な様相に着目し，速度やテクスチュアなどとの関わりを意識しながら知覚・感受することによって，「 ff は，力強さや大きな喜びだけではなく，逆に大きな悲しみや絶望を表すこともできる」といったような理解に至ることが考えられる。これは，生徒が学習の過程を通じて，既習の ff に関する知識と新たに習得した知識とを結び付けることによって， ff に関する知識を再構築し，知識を更新した姿である。
　このように，音楽科における「知識」は，学習を重ねたり深めたりする過程において，〔共通事項〕アの学習が支えとなって再構築され，更新されていくものであることを踏まえ，指導に当たることが大切である。

> イ　音楽を形づくっている要素及びそれらに関わる用語や記号などについて，音楽における働きと関わらせて理解すること。

　この事項は，音楽科における「知識」に関する資質・能力である，**音楽を形づくっている要素及びそれらに関わる用語や記号などについて，音楽における働きと関わらせて理解すること**ができるようにすることをねらいとしている。

　第2学年及び第3学年では，未習の用語や記号などを計画的に扱うとともに，既習の用語や記号などについても，指導のねらいに即して，繰り返し扱うことが大切である。

第4章　指導計画の作成と内容の取扱い

1　指導計画作成上の配慮事項

> 1　指導計画の作成に当たっては，次の事項に配慮するものとする。

　ここでは，各学校において指導計画を作成する際に配慮すべきことを示している。音楽科の指導計画には，3学年間を見通した指導計画，年間指導計画，各題材の指導計画，各授業の指導計画などがある。これらの指導計画を作成する際は，それぞれの関連に配慮するとともに，評価の計画を含めて作成する必要がある。

> (1)　題材など内容や時間のまとまりを見通して，その中で育む資質・能力の育成に向けて，生徒の主体的・対話的で深い学びの実現を図るようにすること。その際，音楽的な見方・考え方を働かせ，他者と協働しながら，音楽表現を生み出したり音楽を聴いてそのよさや美しさなどを見いだしたりするなど，思考，判断し，表現する一連の過程を大切にした学習の充実を図ること。

　この事項は，音楽科の指導計画の作成に当たり，生徒の主体的・対話的で深い学びの実現を目指した授業改善を進めることとし，音楽科の特質に応じて，効果的な学習が展開できるように配慮すべき内容を示したものである。

　音楽科の指導に当たっては，(1)「知識及び技能」が習得されること，(2)「思考力，判断力，表現力等」を育成すること，(3)「学びに向かう力，人間性等」を涵養することが偏りなく実現されるよう，題材など内容や時間のまとまりを見通しながら，主体的・対話的で深い学びの実現に向けた授業改善を行うことが重要である。

　生徒に音楽科の指導を通して「知識及び技能」や「思考力，判断力，表現力等」の育成を目指す授業改善を行うことはこれまでも多くの実践が重ねられてきている。そのような着実に取り組まれてきた実践を否定し，全く異なる指導方法を導入しなければならないと捉えるのではなく，生徒や学校の実態，指導の内容に応じ，「主体的な学び」，「対話的な学び」，「深い学び」の視点から授業改善を図ることが重要である。

　主体的・対話的で深い学びは，必ずしも1単位時間の授業の中で全てが実現されるものではない。題材など内容や時間のまとまりの中で，例えば，主体的に学習に取り組めるよう学習の見通しを立てたり学習したことを振り返ったりして自身の学びや変容を自覚できる場面をどこに設定するか，対話によって自分の考えなどを広

げたり深めたりする場面をどこに設定するか，学びの深まりをつくりだすために，生徒が考える場面と教師が教える場面をどのように組み立てるか，といった視点で授業改善を進めることが求められる。また，生徒や学校の実態に応じ，多様な学習活動を組み合わせて授業を組み立てていくことが重要であり，題材などのまとまりを見通した学習を行うに当たり基礎となる知識及び技能の習得に課題が見られる場合には，それを身に付けるために，生徒の主体性を引き出すなどの工夫を重ね，確実な習得を図ることが必要である。

　主体的・対話的で深い学びの実現に向けた授業改善を進めるに当たり，特に「深い学び」の視点に関して，各教科等の学びの深まりの鍵となるのが「見方・考え方」である。各教科等の特質に応じた，物事を捉える視点や考え方である「見方・考え方」を，習得・活用・探究という学びの過程の中で働かせることを通じて，より質の高い深い学びにつなげることが重要である。

　音楽的な見方・考え方を働かせるとは，生徒が自ら音楽に対する感性を働かせ，音や音楽を，音楽を形づくっている要素とその働きの視点で捉え，捉えたことと，自己のイメージや感情，生活や社会，伝統や文化などとを関連付けて考えることであり，その趣旨等は，本解説第2章第1節の「1　教科の目標」で解説している。

　今回の改訂では教科の目標において，音楽科の学習が，音楽活動を通して，音楽的な見方・考え方を働かせて行われることを示している。また，第2の「A表現」，「B鑑賞」及び〔共通事項〕の各事項では，音楽的な見方・考え方を働かせた学習にすることを前提として，その内容を示している。例えば，「曲想と音楽の構造との関わり」は，生徒が自ら，音楽に対する感性を働かせ，音や音楽を，音楽を形づくっている要素とその働きの視点で捉え，自己のイメージや感情などと関連付けることによって理解される。「曲想と音楽の構造や曲の背景との関わり」の理解では，更に生活や社会，伝統や文化などと関連付けることが必要になる。

　指導に当たっては，生徒が音楽的な見方・考え方を働かせることができるような場面設定や発問など，効果的な手立てを講ずる必要がある。

　他者と協働しながらが大切であることの趣旨は，本解説第2章第1節の「2　学年の目標」の各学年の目標(3)の「主体的・協働的に」で解説していることと同様である。

　思考，判断し，表現する一連の過程を大切にした学習については，従前の学習指導要領の趣旨を生かした授業を実践する際にも大切にされていたことである。今回の改訂において，**主体的・対話的で深い学びの実現を図る**ことに関する配慮事項として，思考，判断し，表現する一連の過程を大切にした学習が充実するようにすることを示しているのは，従前からの音楽科の学習における本質的な考え方を継承していることを意味している。

> (2) 第2の各学年の内容の「A表現」の(1), (2)及び(3)の指導については, ア, イ及びウの各事項を,「B鑑賞」の(1)の指導については, ア及びイの各事項を適切に関連させて指導すること。

　ここでは, 第2の各学年の内容の指導において配慮すべきことを示している。
　従前は,「○○して, 歌うこと（演奏すること, つくること）」のように, 育成を目指す資質・能力を各事項の中で一体的に示していたため, 一つの事項で題材を構想することが可能であった。一方, 今回の改訂では, 音楽科において育成を目指す資質・能力を一層明確にすることを踏まえ, 第2の各学年の内容を, ア「思考力, 判断力, 表現力等」, イ「知識」, ウ「技能」に分けて示しているため, 一つの事項で題材を構想することはできない。どの題材においても,「A表現」では「思考力, 判断力, 表現力等」,「知識」,「技能」に関する各事項を,「B鑑賞」では「思考力, 判断力, 表現力等」,「知識」に関する各事項を相互に関連付けながら題材を構想する必要がある。
　なお, その具体については, 本解説第3章第1節及び第2節の「2　内容」で解説している。

> (3) 第2の各学年の内容の〔共通事項〕は, 表現及び鑑賞の学習において共通に必要となる資質・能力であり,「A表現」及び「B鑑賞」の指導と併せて, 十分な指導が行われるよう工夫すること。

　ここでは,〔共通事項〕が表現及び鑑賞の学習において共通に必要となる資質・能力であり, 指導計画の作成に当たっては,「A表現」及び「B鑑賞」の各事項の指導の過程において, その指導と併せて十分な指導が行われるよう配慮することを示している。
　〔共通事項〕は, 従前同様, 表現及び鑑賞の活動と切り離して単独で指導するものではないことに, 十分留意する必要がある。
　例えば, 歌唱の学習において「旋律, 強弱」を知覚し, 特質や雰囲気を感受し, 知覚したことと感受したこととの関わりについて考え, 考えたことと「歌詞の内容」とを関連させて表現を工夫して歌うことなどが考えられる。同様に, 器楽の学習において「音色, リズム」と「奏法」とを関連させたり, 創作の学習において「テクスチュア, 構成」と「音の重なり方や反復, 変化, 対照などの構成上の特徴」とを関連させたりすることなどが考えられる。また, 鑑賞の学習において「速度, 形式」を知覚し, 特質や雰囲気を感受し, 知覚したことと感受したこととの関わりについて考え, 考えたことと「曲想と音楽の構造」とを関連させて聴き, 批評する

などして音楽のよさや美しさを味わうことなどが考えられる。

> (4) 第2の各学年の内容の「A表現」の(1),(2)及び(3)並びに「B鑑賞」の(1)の指導については,それぞれ特定の活動のみに偏らないようにするとともに,必要に応じて,〔共通事項〕を要として各領域や分野の関連を図るようにすること。

　ここでは,指導計画の作成に当たって,歌唱,器楽,創作,鑑賞について,それぞれ特定の活動に偏ることのないように配慮すること,また,必要に応じて,〔共通事項〕を要として,歌唱,器楽,創作,鑑賞の各学習の関連を図るよう配慮することを示している。

　中学校における指導は,生徒の多様な実態を踏まえ,表現及び鑑賞の幅広い活動を通して,生徒の興味・関心を引き出し,学習への意欲を喚起することが大切である。そのためには,歌唱や鑑賞の学習のみに偏ったり,歌唱の指導において合唱活動に偏ったり,鑑賞の指導において特定の曲種の学習に偏ったりすることのないように留意して,年間指導計画を作成しなければならない。

　〔共通事項〕を要として各領域や分野の関連を図るようにすることとは,その題材の学習において主として扱う音楽を形づくっている要素やそれらに関わる用語や記号などを共通に設定して複数の領域や分野を関連させた一題材を構想したり,主として扱う音楽を形づくっている要素やそれらに関わる用語や記号などの一部を共通にして,学びの連続性や系統性などをねらって複数の題材の配列の仕方を工夫したりすることなどである。

　例えば,表現と鑑賞の相互関連を図った題材では,郷土に伝わる民謡について「音色,リズム」の特徴を生かして創意工夫をしながら歌唱で表現し,併せて,我が国や諸外国の様々な民謡について「音色,リズム」の特徴に着目して,音楽表現の共通性や固有性について考えながら鑑賞し,それぞれの特徴を捉えて音楽の多様性を理解するような題材を設定することなどが考えられる。

　指導計画の作成に当たっては,各活動を有機的かつ効果的に関連させることによって教科及び学年の目標を実現していくように,内容の構成や主題の設定,適切な教材の選択と配列などに配慮することが大切である。

> (5) 障害のある生徒などについては,学習活動を行う場合に生じる困難さに応じた指導内容や指導方法の工夫を計画的,組織的に行うこと。

　ここでは,障害のある生徒などに対する指導内容や指導方法の工夫を,計画的,

組織的に行うよう配慮することを示している。

　障害者の権利に関する条約に掲げられたインクルーシブ教育システムの構築を目指し，生徒の自立と社会参加を一層推進していくためには，通常の学級，通級による指導，特別支援学級，特別支援学校において，生徒の十分な学びを確保し，一人一人の生徒の障害の状態や発達の段階に応じた指導や支援を一層充実させていく必要がある。

　通常の学級においても，発達障害を含む障害のある生徒が在籍している可能性があることを前提に，全ての教科等において，一人一人の教育的ニーズに応じたきめ細かな指導や支援ができるよう，障害種別の指導の工夫のみならず，各教科等の学びの過程において考えられる困難さに対する指導の工夫の意図，手立てを明確にすることが重要である。

　これを踏まえ，今回の改訂では，障害のある生徒などの指導に当たっては，個々の生徒によって，見えにくさ，聞こえにくさ，道具の操作の困難さ，移動上の制約，健康面や安全面での制約，発音のしにくさ，心理的な不安定，人間関係形成の困難さ，読み書きや計算等の困難さ，注意の集中を持続することが苦手であることなど，学習活動を行う場合に生じる困難さが異なることに留意し，個々の生徒の困難さに応じた指導内容や指導方法を工夫することを，各教科等において示している。

　その際，音楽科の目標や内容の趣旨，学習活動のねらいを踏まえ，学習内容の変更や学習活動の代替を安易に行うことがないよう留意するとともに，生徒の学習負担や心理面にも配慮する必要がある。

　例えば，音楽科における配慮として，次のようなものが考えられる。

- 音楽を形づくっている要素（音色，リズム，速度，旋律，テクスチュア，強弱，形式，構成など）を知覚することが難しい場合は，要素に着目しやすくできるよう，音楽に合わせて一緒に拍を打ったり体を動かしたりするなどして，要素の表れ方を視覚化，動作化するなどの配慮をする。なお，動作化する際は，決められた動きのパターンを習得するような活動にならないよう留意する。
- 音楽を聴くことによって自分の内面に生まれる様々なイメージや感情を言語化することが難しい場合は，表現したい言葉を思い出すきっかけとなるよう，イメージや感情を表す形容詞などのキーワードを示し，選択できるようにするなどの配慮をする。

　これらはあくまで例示である。実際の学習の場面においては，生徒の困難さの状態を把握しつつ，他の生徒との関係性や学級集団の雰囲気などに応じて，適切かつ臨機応変に対応することが求められる。

なお，学校においては，こうした点を踏まえ，個別の指導計画を作成し，必要な配慮を記載し，他教科等の担任と共有したり，翌年度の担任等に引き継いだりすることが必要である。

---

(6) 第1章総則の第1の2の(2)に示す道徳教育の目標に基づき，道徳科などとの関連を考慮しながら，第3章特別の教科道徳の第2に示す内容について，音楽科の特質に応じて適切な指導をすること。

音楽科の指導においては，その特質に応じて，道徳について適切に指導する必要があることを示すものである。

第1章総則の第1の2の(2)においては，「学校における道徳教育は，特別の教科である道徳（以下「道徳科」という。）を要として学校の教育活動全体を通じて行うものであり，道徳科はもとより，各教科，総合的な学習の時間及び特別活動のそれぞれの特質に応じて，生徒の発達の段階を考慮して，適切な指導を行うこと」と規定されている。

音楽科における道徳教育の指導においては，学習活動や学習態度への配慮，教師の態度や行動による感化とともに，以下に示すような音楽科と道徳教育との関連を明確に意識しながら，適切な指導を行う必要がある。

音楽科においては，教科の目標は次のように示している。

第1　目　標

表現及び鑑賞の幅広い活動を通して，音楽的な見方・考え方を働かせ，生活や社会の中の音や音楽，音楽文化と豊かに関わる資質・能力を次のとおり育成することを目指す。

(1) 曲想と音楽の構造や背景などとの関わり及び音楽の多様性について理解するとともに，創意工夫を生かした音楽表現をするために必要な技能を身に付けるようにする。

(2) 音楽表現を創意工夫することや，音楽のよさや美しさを味わって聴くことができるようにする。

(3) 音楽活動の楽しさを体験することを通して，音楽を愛好する心情を育むとともに，音楽に対する感性を豊かにし，音楽に親しんでいく態度を養い，豊かな情操を培う。

音楽を愛好する心情や音楽に対する感性は，美しいものや崇高なものを尊重することにつながるものである。また，音楽による豊かな情操は，道徳性の基盤を培う

ものである。
　なお，音楽科で取り扱う共通教材は，我が国の自然や四季の美しさを感じ取れるもの，我が国の文化や日本語のもつ美しさを味わえるものなどを含んでおり，道徳的心情の育成に資するものである。
　次に，道徳教育の要としての特別の教科である道徳（以下「道徳科」という。）の指導との関連を考慮する必要がある。音楽科で扱った内容や教材の中で適切なものを，道徳科に活用することが効果的な場合もある。また，道徳科で取り上げたことに関係のある内容や教材を音楽科で扱う場合には，道徳科における指導の成果を生かすように工夫することも考えられる。そのためにも，音楽科の年間指導計画の作成などに際して，道徳教育の全体計画との関連，指導の内容及び時期等に配慮し，両者が相互に効果を高め合うようにすることが大切である。

2　内容の取扱いと指導上の配慮事項

> 2　第2の内容の取扱いについては，次の事項に配慮するものとする。

　ここでは，第2の内容の指導に当たって配慮すべきことを示している。したがって，以下(1)から(10)までの配慮事項は，単独で取り扱うのではなく，第2の内容の指導と適切に関連付けて取り扱うことが大切である。

> (1)　各学年の「A表現」及び「B鑑賞」の指導に当たっては，次のとおり取り扱うこと。
> 　ア　音楽活動を通して，それぞれの教材等に応じ，音や音楽が生活に果たす役割を考えさせるなどして，生徒が音や音楽と生活や社会との関わりを実感できるよう指導を工夫すること。なお，適宜，自然音や環境音などについても取り扱い，音環境への関心を高めることができるよう指導を工夫すること。

　ここでは，生徒が音や音楽と生活や社会との関わりを実感できるような指導を工夫すること，また，音環境への関心を高めることができるよう指導を工夫することを示している。

　従前は，「適宜，自然音や環境音などについても取り扱い，音環境への関心を高めたり，音や音楽が生活に果たす役割を考えさせたりするなど，生徒が音や音楽と生活や社会とのかかわりを実感できるような指導を工夫すること」を示していた。今回の改訂では，音楽科の目標に「生活や社会の中の音や音楽」と豊かに関わる資質・能力の育成を明示したことを踏まえ，従前の立場を継承しつつ，一層の充実を図ることを意図している。

　人間は，その営みの中で，様々な音や音楽から影響を受けたり様々な音や音楽を生み出したりしてきた。音や音楽によって心を落ち着けたり，やる気を奮い起こしたり，喜びや悲しみを共有したり，一体感を味わったりするなど，音や音楽は生活や社会と密接な関わりをもっている。生徒が，音や音楽と生活や社会との関わりについて実感したり考えたりできるようにすることは，人間にとっての音や音楽の存在意義を考えることにつながる。このことは，音や音楽を学習の対象としている音楽科にとって，欠くことのできないことである。

　自然音や環境音とは，風の音，川のせせらぎ，動物の鳴き声，機械の動く音など，生活や社会の中に存在する様々な音を指す。人間は身の回りの様々な音に耳を

傾けて，そこに意味を見いだしてきた。例えば，先人が，自然音に耳を澄まし，その美しさや味わいを感じ取ったり，生活の中で偶発的に生じた音の面白さや美しさなどに心を動かされたりしたことから音色の豊かさを求めて楽器を製作したり，音を連ねたり重ねたりして音楽をつくったりしたことなどに思いを馳せ，人間の歴史において，音や音楽と生活や社会とが密接に関わっていることを意識させることは，音楽を学ぶことの意味を認識することにつながる。またそのことは，音楽で学んだことを生活や社会に生かし，音楽によって生活を明るく豊かなものにしていく態度を育成することにもつながるものである。

また，生徒が音を意識して聴き，その音が人々にどのような影響を与えているのかを考えたり，よりよい音環境の在り方への関心を高めたりすることは意味のあることと言える。音楽科の学習において，自然音や環境音，さらには，音環境への関心を高めることは，人間にとっての音や音楽の存在意義について考えたり，生活や社会におけるよりよい音環境を希求する意識をもったりすることへとつながっていく。

指導に当たっては，自然音や環境音を意識して聴き，心地よさや不快な感じ，静寂や騒々しさといった生活の様々な場面での音環境を考えるなどの場面を必要に応じて位置付け，音環境への関心が高められるように配慮することが大切である。

> イ　音楽によって喚起された自己のイメージや感情，音楽表現に対する思いや意図，音楽に対する評価などを伝え合い共感するなど，音や音楽及び言葉によるコミュニケーションを図り，音楽科の特質に応じた言語活動を適切に位置付けられるよう指導を工夫すること。

ここでは，音や音楽及び言葉によるコミュニケーションを図ることによって，言語活動を音楽科の特質に応じたものとして適切に位置付けられるよう配慮することを示している。

音楽によって喚起された自己のイメージや感情，思いなどを他者と伝え合ったり，他者がどのようなことを意図しているのかをよく考えて，それに共感したりするためには，言葉によるコミュニケーションが必要となる。

音楽活動は，本来，音によるコミュニケーションを基盤としたものであり，言葉によるコミュニケーションとは異なる独自の特質をもっている。一方，音楽科の学習においては，言葉によるコミュニケーションを適切に位置付けることによって，音や音楽によるコミュニケーションを充実させることができる。したがって，生徒が音楽に関する言葉を用いて，音楽によって喚起されたイメージや感情，音楽表現に対する思いや意図などを相互に伝え合う活動を取り入れることによって，結果と

して，音によるコミュニケーションが一層充実することに結び付いていくように配慮することが大切である。

　例えば，表現活動において「このフレーズの最後の音が印象に残るように表現するためにrit.の仕方を工夫してはどうか」などと伝え合うことを通して他者とともに創意工夫して表現する喜びを味わうこと，また，鑑賞の活動において「弦楽器による旋律がゆっくりした速度で演奏され，春の日ざしの中で歌っているような穏やかな気持ちになった」などと感じ取ったことを言葉で説明し合うことを通して，様々な感じ取り方があることに気付くことなどが考えられる。その際，言葉のやり取りに終始することなく，実際に，様々なrit.の仕方で歌ったり，弦楽器の旋律を聴き返したりするなどして，言葉で表したことと音や音楽との関わりが捉えられるようにすることが大切である。

　このような，音楽科の特質に応じた言語活動を適切に位置付けた指導は，生徒一人一人の音楽に対する価値意識を広げることにつながる。このことは，学校において音楽科の学習を行うことの大切な意義の一つであり，生徒の学習意欲の喚起や学習内容の定着にもつながるものである。

　ウ　知覚したことと感受したこととの関わりを基に音楽の特徴を捉えたり，思考，判断の過程や結果を表したり，それらについて他者と共有，共感したりする際には，適宜，体を動かす活動も取り入れるようにすること。

　ここでは，学習の過程において，適宜，体を動かす活動も取り入れることについて示している。従前は「各学年の『A表現』の指導に当たっては，指揮などの身体的表現活動も取り上げるようにすること」を配慮事項として示していたが，体を動かす活動は，「A表現」の指導における指揮などの身体的表現活動に限らず，「B鑑賞」を含め，様々な場面で有効な活動となり得る。このことを踏まえ，今回の改訂では，音楽科の学習における体を動かす活動の目的を一層明確にして，この配慮事項を新たに示している。

　体を動かす活動には，従前示していた「指揮などの身体的表現活動」も含まれる。「指揮など」とは，指揮，舞踊，形式にとらわれない自由な身体的表現などのことである。

　指揮は，主体的に音楽を表現する手段の一つとして意味のある活動である。生徒が指揮を体験する機会を設けることは，音楽を形づくっている要素の働きを意識して表現を工夫する学習につながっていく。なお，指揮をするための基本的な技能は必要となるが，指揮法の専門的な技術を習得するような活動にならないよう留意しなければならない。

舞踊は，音楽と身体的表現が一体化したものであり，身体の動きを通して音楽の特徴を捉えることができる。

形式にとらわれない自由な身体的表現は，感じ取った音楽の雰囲気や表情などについて，即興的に体を動かして表現する活動などである。

これらの活動を通して感じ取ったことを伝え合うことは，音楽の特徴を捉えるための有効な手段となる。

指導に当たっては，体を動かすこと自体をねらいとするのではなく，音や音楽，言葉などで表すことと組み合わせながら，目的に応じて，効果的に取り入れることができるよう工夫することが大切である。

> エ　生徒が様々な感覚を関連付けて音楽への理解を深めたり，主体的に学習に取り組んだりすることができるようにするため，コンピュータや教育機器を効果的に活用できるよう指導を工夫すること。

ここでは，コンピュータや教育機器の効果的な活用について配慮することを示している。従前は，自然音や環境音などの取扱いと併せて示していたが，コンピュータや教育機器の活用の広がり，また今後一層の普及や多機能化などの可能性を踏まえ，今回の改訂では，この配慮事項を独立させて示している。

様々な感覚を関連付けてとは，音楽を，聴覚のみではなく，視覚や触覚など，他の感覚と関連付けて捉えることができるようにすることである。例えば，音楽科の学習に利用できるコンピュータのソフトウェアや様々な教育機器を活用し，音量の変化に応じて図形の大きさや振動の強さが変わったり，また楽器の音色の変化によって色が変わったりするなどのように，聴覚と視覚，聴覚と触覚など，生徒が複数の感覚を関連付けて音楽を捉えていくことができるようにすることなどが考えられる。そのことが，学習を深めることに有効に働くよう，教師の活用の仕方，生徒への活用のさせ方について工夫することが大切である。

主体的に学習に取り組むことができるようにするためには，生徒が，コンピュータや教育機器を，音楽活動や学習を補助する役割をもつものとして有効に活用できるようにすることが大切である。例えば，創作の学習において，自分でつくった作品を自分で演奏して発表することや記譜することに苦手意識をもつ生徒の場合，演奏や記譜に関する部分をコンピュータや教育機器に任せることによって，音楽をつくる学習に主体的に取り組むことができるようになることなどが考えられる。

指導に当たっては，操作することが活動の目的にならないようにし，指導のねらいを明確にして，教師も生徒も，コンピュータや教育機器を効果的に活用できるようにすることが大切である。

> オ　生徒が学校内及び公共施設などの学校外における音楽活動とのつながりを意識できるようにするなど，生徒や学校，地域の実態に応じ，生活や社会の中の音や音楽，音楽文化と主体的に関わっていくことができるよう配慮すること。

　ここでは，生徒が，学校内外における音楽活動とのつながりを意識できるようにするなど，生活や社会の中の音や音楽，音楽文化と主体的に関わっていくことができるように配慮することを示している。

　今回の改訂では，音楽科の目標において「生活や社会の中の音や音楽，音楽文化と豊かに関わる資質・能力」の育成を目指すことを示している。音楽科ではこの目標を達成することによって，生活や社会の中の音や音楽，音楽文化と豊かに関わることのできる人材の育成，またそのことによって心豊かな生活を営むことのできる人材の育成を目指し，ひいては，心豊かな生活や社会を創造することのできる人材の育成に寄与することを目指している。したがって，音楽科の学習において，授業で学んだことやその際行った音楽活動と学校内外における様々な音楽活動とのつながりを生徒が意識できるようにすることは，音楽科の果たす大切な役割の一つである。

　学校内における音楽活動には，音楽科の授業のみでなく，総合的な学習の時間や学校行事における諸活動，課外活動などにおいて，歌を歌ったり楽器を演奏したり音楽を聴いたりする活動なども含まれる。また，公共施設などの学校外における音楽活動には，生徒が行う音楽活動のみではなく，音楽ホール等で催される演奏会なども含まれる。例えば，鑑賞の授業で扱った教材曲が近隣の音楽ホールで開催される演奏会で演奏されることを紹介して興味がもてるようにしたり，「なぜ，演奏会に多くの人が足を運ぶのか」などのテーマで，人はどのように音楽との関わりを築き，心豊かな生活を過ごしているかについて考えられるようにしたりするなどして，音楽科の学習と学校外における音楽活動とのつながりが意識できるようにすることなどが考えられる。

　このように，生徒が音楽科の学習内容と学校内外の音楽活動とのつながりを意識できるようにするためには，授業での学びが音楽科の授業以外の場面で生かせた場面を想起したり生かせそうな場面を具体的に想像したり，音楽科の授業以外の音楽活動の経験が授業にどのように生きていたのかについて振り返ったりするなどの活動を，適宜取り入れるなどの工夫が必要である。

　なお，学校教育における諸行事や課外活動などの音楽科の授業以外で行われる音楽活動の状況や，音楽ホールや公民館などの公共施設の設置状況や活用状況などは一様ではなく，また，それらによって期待する生徒の姿も様々考えられるため，**生徒や学校，地域の実態に応じ**としている。

> カ　自己や他者の著作物及びそれらの著作者の創造性を尊重する態度の形成を図るとともに，必要に応じて，音楽に関する知的財産権について触れるようにすること。また，こうした態度の形成が，音楽文化の継承，発展，創造を支えていることへの理解につながるよう配慮すること。

　ここでは，著作物及びそれらの著作者の創造性を尊重する態度の形成と，音楽に関する知的財産の保護と活用に関して配慮することを示している。

　従前は「音楽に関する知的財産権について，必要に応じて触れるようにすること」と示していたが，今回の改訂では，その目的を一層明確にして示している。

　知的財産権とは，知的な創作活動によって何かをつくり出した人に対して付与される他人に無断で利用されない権利である。この中の一つに著作権があり，著作権には，著作物を保護する著作者の権利，実演等を保護する著作隣接権がある。

　著作権法では，教育現場での著作物の利用を円滑にするため，著作権者の了解を得ずに著作物を利用できる例外措置が示されている。その中には，著作権者の了解なしに利用できるいくつかの条件が定められているため，これらについては一層正しく理解される必要がある。著作権法上の学校における例外措置はいくつかあるが，音楽科の授業の場合，次に示す第三十五条第一項が，特に関わりが深い。

　第三十五条　学校その他の教育機関（営利を目的として設置されているものを除く。）において教育を担任する者及び授業を受ける者は，その授業の過程における使用に供することを目的とする場合には，必要と認められる限度において，公表された著作物を複製することができる。ただし，当該著作物の種類及び用途並びにその複製の部数及び態様に照らし著作権者の利益を不当に害することとなる場合は，この限りでない。
　2　（略）

　第三十五条第一項では「その授業の過程における」としている点に留意する必要がある。

　また，インターネットを通じて配信されている音楽についても，著作権が存在するということについての認識が十分でない現状も見られるので留意する必要がある。

　指導に当たっては，授業の中で表現したり鑑賞したりする多くの曲について，それを創作した著作者がいることや著作物であること，この著作物が知的財産であること，その知的財産を教材として活用することで表現や鑑賞の幅広い活動が行えることなどを生徒が意識できるようにし，必要に応じて音楽に関する知的財産権に触れることが大切である。このことが，著作物や著作者の創造性を尊重する態度を形

成することにつながり，ひいては，音楽文化の継承，発展，創造を支えていることへの理解につながるのである。

> (2) 各学年の「A表現」の(1)の歌唱の指導に当たっては，次のとおり取り扱うこと。
> ア　歌唱教材は，次に示すものを取り扱うこと。
> 　(ｱ)　我が国及び諸外国の様々な音楽のうち，指導のねらいに照らして適切で，生徒にとって親しみがもてたり意欲が高められたり，生活や社会において音楽が果たしている役割が感じ取れたりできるもの。

ここでは，歌唱教材の選択に関する配慮事項を示している。

(ｱ)では，歌唱教材について，我が国及び諸外国の様々な音楽のうち，指導のねらいに照らして適切で，生徒にとって親しみがもてたり意欲が高められたり，生活や社会において音楽が果たしている役割が感じ取れたりできるものを選択することを示している。

このことについて従前は，「第2　各学年の目標及び内容」の「A表現」の(4)に，第1学年では「平易で親しみのもてるもの」，第2学年及び第3学年では「生徒の意欲を高め親しみのもてるもの」として示していた。今回の改訂では，第2に育成を目指す資質・能力を整理して示すこととし，教材の選択については，従前示していた学年による差異は付けず，資質・能力を育成する際の配慮事項として，「第3　指導計画の作成と内容の取扱い」に示している。

我が国及び諸外国の様々な音楽は，我が国及び諸外国の芸術音楽，民俗音楽，ポピュラー音楽など幅広く捉えることが大切である。これらの音楽は，過去から現在に至るまでの人々の暮らし，地域の風土，文化や歴史などの影響を受け，社会の変化や文化の発展とともに生まれ，育まれてきた。

表現活動を通して，特定の地域や時代に偏ることなく様々な音楽に関わることは，生徒の音楽的視野を広げるとともに，多様な音楽表現の共通点や相違点に気付き，音楽文化についての理解を深めることにもつながっていく。

この配慮事項では，**生活や社会において音楽が果たしている役割が感じ取れる**ものを新たに示している。これは，教科の目標に新たに示した「生活や社会の中の音や音楽，音楽文化と豊かに関わる資質・能力」を育成する上で，大切な観点である。例えば，オリンピック・パラリンピックや各種イベント等では，音楽によって一体感が生まれることなどを多くの人々が実感している。学校生活では，文化祭や卒業式などの行事においてテーマソングや式歌などを決め，日常の学校生活やその行事に至る過程，またその行事への思いなどとの関わりを大切にして，他者と共に

歌う活動を位置付けている学校も多い。また，自然災害等で困難な状況に身を置かざるを得なくなった際，音楽によって傷ついた心が癒されたり，被災した人同士や被災した人と被災していない人など，人々の心がつながったりすることを経験している人もいる。このように，音楽は生徒を取り巻く生活や社会において，音楽ならではの価値ある役割を果たしている。このような音楽の役割に関心をもったり気付いたりしながら，音楽のよさを感じ取れるようにすること，また，このことと関連付けながら音楽表現を創意工夫し表現することは，音楽科の学習における大切な側面である。

　指導のねらいを実現するために適切な教材を選択することは，生徒が活動の見通しをもつとともに，関心や意欲をもって学習に取り組む上でも極めて重要である。その際，表現する喜びや充実感を味わうことのできるものを選択することが大切である。なお，今回の改訂では従前第1学年において示していた「平易で」は示していないが，選択する教材の難易度については，生徒や学校，地域の実態等を踏まえて適切に配慮する必要がある。

> (イ) 民謡，長唄などの我が国の伝統的な歌唱のうち，生徒や学校，地域の実態を考慮して，伝統的な声や歌い方の特徴を感じ取れるもの。なお，これらを取り扱う際は，その表現活動を通して，生徒が我が国や郷土の伝統音楽のよさを味わい，愛着をもつことができるよう工夫すること。

　ここでは，我が国の伝統的な歌唱のうち，生徒や学校，地域の実態を考慮して，伝統的な声や歌い方の特徴を感じ取れるものを，歌唱教材として選択することを示している。

　このことについて従前は，「第2　各学年の目標及び内容」の「A表現」の(4)に，「民謡，長唄などの我が国の伝統的な歌唱のうち，地域や学校，生徒の実態を考慮して，伝統的な声の特徴を感じ取れるもの」として示していた。今回の改訂では，第2に育成を目指す資質・能力を整理して示すこととし，教材の選択については，資質・能力を育成する際の配慮事項として，「第3　指導計画の作成と内容の取扱い」に示している。

　我が国の伝統的な歌唱とは，我が国の各地域で歌い継がれている仕事歌や盆踊歌などの民謡，歌舞伎における長唄，能楽における謡曲，文楽における義太夫節，三味線（しゃみせん）や箏（そう）などの楽器を伴う地歌・箏曲など，我が国や郷土の伝統音楽における歌唱を意味している。

　教材の選択に当たっては，例えば，発声の仕方や声の音色，コブシ，節回し，母音を延ばす産み字などに着目できるものを選択することが考えられることから，今

回の改訂では，従前示していた「声の特徴」に加え，**歌い方の特徴**を新たに示した。生徒が実際に歌う体験を通して，伝統的な声や歌い方の特徴を感じ取ることができるよう，生徒や学校，地域の実態を十分に考慮して適切な教材を選択することが重要である。

指導に当たっては，例えば，声の音色や装飾的な節回しなどの旋律の特徴に焦点を当てて，比較して聴いたり実際に声を出したりして，これらの特徴を生徒一人一人が感じ取り，伝統的な歌唱における声や歌い方の特徴に興味・関心をもつことができるように工夫することが大切である。またそのことによって，生徒が我が国や郷土の伝統音楽のよさを味わい，**愛着をもつことができるよう工夫すること**が大切である。その際，視聴覚機器などを有効に活用したり，地域の指導者や演奏家とのティーム・ティーチングを行ったりすることも考えられる。

こうした学習活動を展開することにより，生徒は，自分たちの生活に根ざした民謡のよさに気付いたり，長唄などの我が国の伝統的な声や歌い方のよさを感じ取ったりすることができる。そのことが，我が国や郷土の伝統音楽のよさを味わい，愛着をもち，我が国の音楽文化に対する理解を深めることにつながっていく。

> (ウ) 我が国で長く歌われ親しまれている歌曲のうち，我が国の自然や四季の美しさを感じ取れるもの又は我が国の文化や日本語のもつ美しさを味わえるもの。なお，各学年において，以下の共通教材の中から1曲以上を含めること。
>
> 「赤とんぼ」　　三木露風作詞　　山田耕筰作曲
> 「荒城の月」　　土井晩翠作詞　　滝廉太郎作曲
> 「早春賦」　　　吉丸一昌作詞　　中田　章作曲
> 「夏の思い出」　江間章子作詞　　中田喜直作曲
> 「花」　　　　　武島羽衣作詞　　滝廉太郎作曲
> 「花の街」　　　江間章子作詞　　團伊玖磨作曲
> 「浜辺の歌」　　林　古溪作詞　　成田為三作曲

ここでは，我が国で長く歌われ親しまれている歌曲のうち，我が国の自然や四季の美しさを感じ取れるもの又は我が国の文化や日本語のもつ美しさを味わえるものを，歌唱教材として選択することを示している。その上で，我が国のよき音楽文化が世代を超えて受け継がれていくようにする観点から，従前に引き続き，その趣旨にふさわしい曲を共通教材として具体的に示し，学年ごとに1曲以上を取り扱うことを示している。

中学校3学年間を見通した指導計画の下，生徒や地域の実態などを考慮して，共通教材を含むこのような教材を系統立てて効果的に指導することが大切である。

我が国で長く歌われ親しまれている歌曲とは，我が国で長い年月にわたって歌い継がれ，広く親しまれている歌曲のことである。

我が国の自然や四季の美しさを感じ取れる歌唱教材を扱うことによって，生徒が豊かな自然や四季の美しさへのイメージを膨らませることは，自然や環境に対する関心を導き，それらを尊重する態度を養うことにもつながっていく。

また，**我が国の文化や日本語のもつ美しさを味わえる**歌唱教材を扱うことによって，生徒は我が国の文化のよさを味わい，日本語の響きを感じ取ることができる。このことがひいては，我が国の文化を尊重したり，日本語を大切にしたりする態度を養うことにつながると考えられる。

このような，我が国で長く歌われ親しまれている歌曲を歌唱教材として用いることは，世代を超えて生活の中の様々な場面で音楽を楽しんだり，共有したりする態度を養うことにもつながる。

赤とんぼは，日本情緒豊かな曲として，人々に愛されて親しまれてきた曲である。例えば，拍子や速度が生み出す雰囲気，旋律と言葉との関係などを感じ取り，歌詞がもっている詩情を味わいながら日本語の美しい響きを生かして表現を工夫することなどを指導することが考えられる。

荒城の月は，原曲と山田耕筰の編作によるものとがある。人の世の栄枯盛衰を歌いあげた曲である。例えば，歌詞の内容や言葉の特性，短調の響き，旋律の特徴などを感じ取り，これらを生かして表現を工夫することなどを指導することが考えられる。

早春賦は，滑らかによどみなく流れる旋律に始まり，春を待ちわびる気持ちを表している曲である。例えば，拍子が生み出す雰囲気，旋律と強弱との関わりなどを感じ取り，フレーズや曲の形式を意識して，情景を想像しながら表現を工夫することなどを指導することが考えられる。

夏の思い出は，夏の日の静寂な尾瀬沼の風物への追憶を表した叙情的な曲である。例えば，言葉のリズムと旋律や強弱との関わりなどを感じ取り，曲の形式や楽譜に記された様々な記号などを捉えて，情景を想像しながら表現を工夫することなどを指導することが考えられる。

花は，「荒城の月」とともに滝廉太郎の名曲として広く歌われている，春の隅田川の情景を優美に表した曲である。例えば，拍子や速度が生み出す雰囲気，歌詞の内容と旋律やリズム，強弱との関わりなどを感じ取り，各声部の役割を生かして表現を工夫することなどを指導することが考えられる。

花の街は，希望に満ちた思いを叙情豊かに歌いあげた曲である。例えば，強弱の変化と旋律の緊張や弛緩との関係，歌詞に描かれた情景などを感じ取り，フレーズのまとまりを意識して表現を工夫することなどを指導することが考えられる。

浜辺の歌は，浜辺に打ち寄せる波の情景を表すような伴奏に支えられた，叙情的な歌詞と旋律をもつ曲である。例えば，拍子や速度が生み出す雰囲気，歌詞の内容と強弱の変化との関係などを感じ取り，フレーズのまとまりや形式などを意識して表現を工夫することなどを指導することが考えられる。

> イ　変声期及び変声前後の声の変化について気付かせ，変声期の生徒を含む全ての生徒の心理的な面についても配慮するとともに，変声期の生徒については適切な声域と声量によって歌わせるようにすること。

　ここでは，変声期及び変声前後の生徒に対して配慮することを示している。従前は，主に変声期の生徒に対する配慮について示していたが，今回の改訂では，変声前後の生徒に対する配慮も含めて示し，より丁寧な指導を求めている。

　多くの生徒は小学校高学年から中学校の段階で変声期を迎える。変声とは，成長の過程における身体の変化によって，声帯に変化が起こり声域や声質が変わることである。特に男子においてその変化が著しく，思うように声が出なかったり，声を出そうとして苦しくなったりすることがある。

　この時期は成長の個人差が激しく，変声する前の生徒，変声中の生徒，変声が終わりに近付いた生徒などが混在しており，それぞれに不安を抱えていることも予想される。また，変声が生徒に与える心理的な影響は，生徒の個性，他の生徒との人間関係，学級集団の男女比等々，様々な要因によって多様である。したがって，どのような配慮をすればよいかについては，それぞれの実態に応じて考える必要がある。

　これらのことを踏まえ，変声は健全な成長の一過程であり，性別によらず誰もが体験することであるということや，声にはそれぞれの個性があることに気付かせて，変声に伴う不安や羞恥心をもつことがないよう配慮することが大切である。そして，変声中の生徒に対しては，無理のない声域や声量で歌わせるように留意したり，合唱においては，発声面のみでなく心理面も十分配慮したパート編成をしたりして，今の自分の声で歌唱表現することを大切にできるような指導を工夫する必要がある。

> ウ　相対的な音程感覚などを育てるために，適宜，移動ド唱法を用いること。

　ここでは，相対的な音程感覚などを育てるために，適宜，移動ド唱法を用いることを示している。

　音楽科の学習では，音と音とがどのように関係し合って音楽が形づくられているか，すなわち，音同士の相対的な関係に着目することが大切である。移動ド唱法に

よって相対的な音程感覚を育むことは，この観点から音楽を理解するための一助となる。

また，移動ド唱法を用いて，楽譜を見て音高などを適切に歌う活動を通じて，相対的な音程感覚を育てるだけではなく，歌唱における読譜力を伸ばすとともに，音と音とのつながり方を捉えて，フレーズなどを意識して表現を工夫する力を養うこともできると考えられる。

なお，移動ド唱法については，適切な教材において効果的に用いることが重要であることから，**適宜**用いることとしており，全ての歌唱教材について階名唱をすることを求めているものではないことに留意する必要がある。

> (3) 各学年の「A表現」の(2)の器楽の指導に当たっては，次のとおり取り扱うこと。
> ア　器楽教材は，次に示すものを取り扱うこと。
> 　(ｱ)　我が国及び諸外国の様々な音楽のうち，指導のねらいに照らして適切で，生徒にとって親しみがもてたり意欲が高められたり，生活や社会において音楽が果たしている役割が感じ取れたりできるもの。

ここでは，器楽教材の選択に関する配慮事項を示している。

(ｱ)では，器楽教材について，我が国及び諸外国の様々な音楽のうち，指導のねらいに照らして適切で，生徒にとって親しみがもてたり意欲が高められたり，生活や社会において音楽が果たしている役割が感じ取れたりできるものを選択することを示しており，(2)のアの(ｱ)で示している歌唱教材の選択に関する配慮事項と同様である。

このことについて従前は，「第2　各学年の目標及び内容」の「A表現」の(4)に，第1学年では「平易で親しみのもてるもの」，第2学年及び第3学年では「生徒の意欲を高め親しみのもてるもの」として示していた。今回の改訂では，第2に育成を目指す資質・能力を整理して示すこととし，教材の選択については，従前示していた学年による差異は付けず，資質・能力を育成する際の配慮事項として，「第3　指導計画の作成と内容の取扱い」に示している。

また，(2)のアの(ｱ)で示している歌唱教材の選択に関する配慮事項と同様に，**生活や社会において音楽が果たしている役割が感じ取れる**ものを新たに示しており，その趣旨は，(2)のアの(ｱ)で解説していることと同様である。

指導のねらいを実現するために適切な教材を選択することは，生徒が活動の見通しをもつとともに，関心や意欲をもって学習に取り組む上でも極めて重要である。その際，表現する喜びや充実感を味わうことのできるものを選択することが大切である。なお，今回の改訂では従前第1学年において示していた「平易で」は示して

いないが，選択する教材の難易度については，生徒や学校，地域の実態等を踏まえて適切に配慮する必要がある。

> イ　生徒や学校，地域の実態などを考慮した上で，指導上の必要に応じて和楽器，弦楽器，管楽器，打楽器，鍵盤楽器，電子楽器及び世界の諸民族の楽器を適宜用いること。なお，3学年間を通じて1種類以上の和楽器を取り扱い，その表現活動を通して，生徒が我が国や郷土の伝統音楽のよさを味わい，愛着をもつことができるよう工夫すること。

ここでは，器楽の指導で用いる楽器の扱いについて示している。

指導に当たっては，生徒の発達の段階や学校の実態などに応じて，様々な楽器をねらいに即して用いることによって，それぞれの楽器の特徴に気付かせることが大切である。

楽器の分類の仕方は，材質，形状，発音原理，奏法などによって様々な分類が可能である。例えば，和楽器における弾き物は，広い意味では弦楽器であるし，吹き物は管楽器，打ち物は打楽器である。また電子キーボードは，電子楽器にも鍵盤楽器にも分類することができる。

このように，楽器の分類については様々に考えることができるが，この配慮事項では，西洋音楽に用いる楽器だけではなく，和楽器や世界の諸民族の楽器を，指導上の必要に応じて取り扱うことによって，我が国や郷土の伝統音楽への理解を深めるとともに，様々な音楽文化に対する興味・関心を高めることを大切にしている。また，そのことによって，国際社会に生きる日本人の育成を図るという視点も大切である。

以上のような趣旨から，器楽の学習において用いる楽器については，従前同様，**和楽器，弦楽器，管楽器，打楽器，鍵盤楽器，電子楽器及び世界の諸民族の楽器を適宜用いること**と示している。

箏，三味線，尺八，篠笛，太鼓，雅楽で用いられる楽器などの和楽器については，平成10年告示の中学校学習指導要領で必修化して以降の成果と課題を基に，その指導を更に充実するため，引き続き，中学校第1学年から第3学年までの間に1種類以上の和楽器を扱い，表現活動を通して，生徒が我が国や郷土の伝統音楽のよさを味わうことができるよう工夫することを示すとともに，今回の改訂では，**愛着をもつことができるよう工夫すること**を新たに示している。生徒が実際に演奏する活動を通して，音色や響き，奏法の特徴，表現力の豊かさや繊細さなどを感じ取ることは，我が国や郷土の伝統音楽のよさを味わい，愛着をもつことにつながっていくと考えられる。

和楽器を用いるに当たっては，常に生徒や学校の実態に応じるとともに，可能な

限り，郷土の伝統音楽を取り入れることが肝要である。なお，和楽器を器楽表現の指導に用いることはもちろんであるが，歌唱や創作，鑑賞との関連も図りながら，実際に和楽器に触れ，体験することで，我が国や郷土の伝統音楽についての学習を深めることが期待できる。その際，視聴覚機器などを有効に活用したり，地域の指導者や演奏家とのティーム・ティーチングを行ったりすることも考えられる。

生徒が我が国や郷土の伝統音楽のよさなどを味わい，愛着をもち，我が国の音楽文化を尊重する態度を養うことが，和楽器を用いる本来の意義であり，そのために一層の指導の工夫が求められる。

> (4) 歌唱及び器楽の指導における合わせて歌ったり演奏したりする表現形態では，他者と共に一つの音楽表現をつくる過程を大切にするとともに，生徒一人一人が，担当する声部の役割と全体の響きについて考え，主体的に創意工夫できるよう指導を工夫すること。

ここでは，歌唱分野及び器楽分野における合わせて歌ったり演奏したりする学習をする際の配慮事項について示している。

少人数のアンサンブル活動や，合唱，合奏などをする際は，生徒一人一人が，自分の担当する声部の役割を踏まえて，その教材曲をどのように表現したいのかといった思いや意図をもち，創意工夫を生かした音楽表現をするために必要な技能を身に付けて，音楽表現をすることが大切である。したがって，生徒一人一人が，声部の役割と全体の響きについて考えることのできる場面を適切に設定することなく，教師や一部の生徒の考えのみに基づいて，その教材曲の出来栄えをよくするための練習に終始する，というような授業にならないよう留意する必要がある。

なお，この配慮事項は，とりわけ各学年の目標の(3)で示している主体的・協働的に学習に取り組む態度，歌唱分野及び器楽分野のア及びウ(イ)に示す資質・能力の育成に大きく関わるものであることに留意することが大切である。

> (5) 読譜の指導に当たっては，小学校における学習を踏まえ，♯や♭の調号としての意味を理解させるとともに，3学年間を通じて，1♯，1♭程度をもった調号の楽譜の視唱や視奏に慣れさせるようにすること。

ここでは，読譜の指導について示している。

小学校音楽科における「範唱を聴いたり，ハ長調及びイ短調の楽譜を見たりして歌う技能」，「範奏を聴いたり，ハ長調及びイ短調の楽譜を見たりして演奏する技能」の習得に関わる学習からの連続性や系統性を踏まえ，中学校では，♯や♭の調

号としての意味を理解させ，1♯，1♭程度をもった調号の楽譜の視唱や視奏に慣れさせるよう配慮するとしている。

♯や♭がもつ臨時記号としての半音を上下させる働きのほか，調号としての役割があることを理解させ，主音の位置を知ることによって，移動ド唱法による読譜も可能となる。なお，読譜については，生徒が生涯にわたって音楽を楽しむために，無理のない程度と方法で慣れさせることが大切である。無理のない程度と方法を見いだすためには，生徒の実態を把握することが大切である。生徒の実態を把握した上で，小学校音楽科における読譜に関する学習との関連を図った指導を工夫することが求められる。

> (6) 我が国の伝統的な歌唱や和楽器の指導に当たっては，言葉と音楽との関係，姿勢や身体の使い方についても配慮するとともに，適宜，口唱歌（くちしょうが）を用いること。

ここでは，我が国の伝統的な歌唱や和楽器の指導について，言葉と音楽との関係，姿勢や身体の使い方についても配慮すること，また，適宜，口唱歌（くちしょうが）を用いることを示している。

言葉と音楽との関係においては，日本語に注目する必要がある。「あ」や「お」，あるいは「か」や「さ」などの音は，すでに固有の響きをもっており，それらが組み合わさって単語となり，言葉となって日本語特有の響きが生まれてくる。言葉のまとまり，リズム，抑揚，高低アクセント，発音及び音質といったものが直接的に作用し，旋律の動きやリズム，間（ま），声の音色など，日本的な特徴をもった音楽を生み出す源となっている。このことは，歌唱に限らない。口唱歌（くちしょうが）や掛け声などに見られるように，楽器の演奏においても言葉の存在が音楽と深く関わっている。

姿勢や身体の使い方においては，腰の位置をはじめとした姿勢や呼吸法などに十分な配慮が必要となる。例えば民謡は，その歌の背景となった生活や労働により強く性格付けられており，声の出し方や身体の動きなどに直接，間接に表れている。長唄や地歌，箏（そう（こと））や三味線などは，基本的に座って演奏することによって伝統的な音楽の世界が現れてくる。また，篠笛（しの）や尺八の演奏をはじめ，声や楽器を合わせる際の息づかいや身体の構えが，旋律の特徴や間（ま）を生み出している。声を出す場合も，楽器を演奏する場合も，それに適した身体の使い方が大切にされてきた。

また，今回の改訂では，**適宜，口唱歌（くちしょうが）を用いること**を新たに示している。口唱歌（くちしょうが）は，楽器の音を，日本語のもつ固有の響きによって表すもので，単に「唱歌（しょうが）」とも呼ばれる。「言葉と音楽との関係」において解説しているように，我が国では，伝統的に，和楽器の指導や稽古において口唱歌（くちしょうが）を用いてきた。口唱歌（くちしょうが）は，旋律やリズ

ムだけでなく，その楽器の音色や響き，奏法などをも表すことができ，器楽の学習だけでなく，我が国の音楽に固有の音色や旋律，間などの知覚・感受を促し，鑑賞の学習の質を高めたり創作の学習の際の手段として用いたりするなど，様々な学習に有効であると考えられる。指導に当たっては，口唱歌を用いる目的を明確にすることが大切である。

このように，我が国の伝統的な歌唱や和楽器の指導において，言葉と音楽との関係や，姿勢や身体の使い方について配慮することは，我が国の伝統や文化を理解することにもつながるものである。

> (7) 各学年の「A表現」の(3)の創作の指導に当たっては，即興的に音を出しながら音のつながり方を試すなど，音を音楽へと構成していく体験を重視すること。その際，理論に偏らないようにするとともに，必要に応じて作品を記録する方法を工夫させること。

ここでは，創作の指導において，即興的に音を出しながら音のつながり方を試すなど，音を音楽へと構成していく体験を重視することを示している。このことは，各学年の「A表現」の(3)のいずれの事項においても配慮するものである。

即興的に音を出すとは，創作の活動において，理論的な学習を先行させ過ぎたり，はじめからまとまりのある音楽をつくることを期待したりするのではなく，生徒がそのときの気持ちや気分にしたがって，自由に音を出してみることを意味する。したがって，自分で音を出し，出した音をよく聴き，音の質感を感じ取り，それを基に思考，判断するという流れが繰り返されるように指導を工夫し，生徒が，音の長さ，高さなどを意識しながら**音のつながり方を試す**ことなどができるようにすることが大切である。その際，音色や強弱など，リズムや旋律以外の音楽を形づくっている要素の働きが，生徒の思考，判断に影響している可能性があることを十分考慮する必要がある。

音を音楽へと構成していく体験には，音と音とを連ねて短い旋律をつくったり複数の音を重ねて和音をつくったりすること，さらには，それらの反復や変化などを工夫しながら少しずつまとまりのある音楽をつくっていくことなどが挙げられる。例えば，リコーダーでいくつかの音を吹きながら，音と音とを連ねて断片的な旋律をつくり，それを基にして，反復したりリズムを変えたり対照的な旋律を続けたりして，試行錯誤しながら音楽をつくっていく活動が考えられる。その際，生徒が個々につくることも可能であるが，複数の生徒が交互に表現しながら一つの音楽をつくっていくことも考えられる。

指導に当たっては，これらの体験を通して，創作する楽しさや喜びを味わわせる

ように配慮することが重要である。あらかじめ曲の形式を決めて，その形に当てはめていくようにつくっていくことに留まらず，生徒が創意工夫してつくる体験をし，音楽を構成する原理の働きに気付いていく中で，形式などについても学習していくのである。

また，つくった音楽を，五線譜だけではなく，文字，絵，図，記号，コンピュータなどを用いて，生徒が作品を記録する方法を工夫できるようにすることが大切である。

例えば，自分がつくっている作品を，次時の学習でも音楽で再現できるように，小学校音楽科の学習を生かして自分に分かる方法で記録させることから始め，次第に，他者にも分かるものになるよう工夫させていくなどの活動が考えられる。その際，必要に応じて，記譜について扱うことも大切である。楽譜は，音楽を目に見える形で表そうと工夫し，さらにそれが多くの人にも分かるように試行錯誤を重ね，長い時間をかけて洗練されてきたものであり，言わば，先人の営みから生まれた音楽に関わる文化の一つである。作品を記録する方法を工夫させることは，生徒が音楽文化について理解を深める学習にもつながるものである。

---

(8) 各学年の「B鑑賞」の指導に当たっては，次のとおり取り扱うこと。
　ア　鑑賞教材は，我が国や郷土の伝統音楽を含む我が国及び諸外国の様々な音楽のうち，指導のねらいに照らして適切なものを取り扱うこと。

ここでは，鑑賞教材の選択に関する配慮事項を示している。

このことについて従前は，「第2　各学年の目標及び内容」の「B鑑賞」の(2)に示していた。今回の改訂では，第2に育成を目指す資質・能力を整理して示すこととし，教材の選択については，資質・能力を育成する際の配慮事項として，「第3　指導計画の作成と内容の取扱い」に示している。

この配慮事項は，我が国や郷土の伝統音楽を重視した従前の立場を継承している。我が国や郷土の伝統音楽としては，雅楽，能楽，琵琶楽，歌舞伎音楽，箏曲，三味線音楽，尺八音楽などや，各地域に伝承されている民謡や民俗芸能における音楽などが挙げられる。こうした音楽を取り扱う際には，地域の指導者や演奏家の実演による鑑賞の機会を設けることなども考えられる。

これらを含む我が国及び諸外国の様々な音楽は，それぞれの国や地域の過去から現在に至るまでの人々の暮らし，文化や歴史などの影響を受け，社会の変化や文化の発展とともに生まれ，育まれてきた。それらの中から，生徒の興味・関心，学習の実態などを十分に考慮して指導のねらいに適切なものを選択することが重要である。

なお，第2学年及び第3学年においては，教材選択の対象を第1学年よりも一層

広げ，様々な国や地域の音楽，様々な時代の音楽，様々なジャンルの音楽など，多種多様な音楽から選択できるよう配慮し，指導のねらいに即した適切な教材を選択することが大切である。

> イ 第1学年では言葉で説明したり，第2学年及び第3学年では批評したりする活動を取り入れ，曲や演奏に対する評価やその根拠を明らかにできるよう指導を工夫すること。

　ここでは，「B鑑賞」の学習において，言葉で説明したり批評したりする活動を取り入れることに関する配慮事項を示している。

　このことについて従前は，「第2　各学年の目標及び内容」の「B鑑賞」の(1)に示していた。今回の改訂では，第2に育成を目指す資質・能力を整理して示すこととし，言葉で説明することや批評する活動を取り入れることは，資質・能力を育成する際の配慮事項として，「第3　指導計画の作成と内容の取扱い」に示している。

　この配慮事項は，鑑賞の指導において欠かすことのできないものである。そのため，この配慮事項については，第2の各学年の内容の「B鑑賞」の解説に示している。

> (9) 各学年の〔共通事項〕に示す「音楽を形づくっている要素」については，指導のねらいに応じて，音色，リズム，速度，旋律，テクスチュア，強弱，形式，構成などから，適切に選択したり関連付けたりして指導すること。

　ここでは，各学年の〔共通事項〕に示す**「音楽を形づくっている要素」**の具体例を示すとともに，指導上の配慮事項を示している。

　音色とは，声や楽器などから生まれる様々な音の質のことである。音色に関連する学習では，声や楽器の音色，自然音や環境音，曲種に応じた発声及び楽器の奏法による様々な音色，それらの組合せや変化などが生み出す響きなどについて指導することが考えられる。

　リズムとは，音楽の時間的なまとまりをつくったり，区分したりするものである。リズムに関連する学習では，拍や拍子，リズム・パターンとその反復や変化，我が国の伝統音楽に見られる様々なリズム，間などについて指導することが考えられる。

　速度とは，基準となる拍が繰り返される速さのことである。速度に関連する学習では，ふさわしい速度の設定，速度の保持や変化，緩急の対比，我が国の伝統音楽に見られる序破急などについて指導することが考えられる。

　旋律とは，種々の音高と音価をもった音を音楽的な表現意図のもとに連ねてできた音の線的つながりである。旋律に関連する学習では，音のつながり方，旋律線の

もつ方向性，フレーズ，旋律の装飾，旋律が基づくところの音階，調などについて指導することが考えられる。なお，旋律の装飾については，装飾音，コブシ，産み字，ポルタメントなど，また，音階については，我が国や諸外国の音楽に使われている様々な音階を扱うことも考えられる。

テクスチュアとは，音楽における音や声部の多様な関わり合いのことである。テクスチュアに関連する学習では，和音や和声，多声的な音楽，我が国の伝統音楽に見られる音や旋律の重なり方などについて指導することが考えられる。

強弱とは，基本的には音量の大小のことであり，相対的に捉えられるものである。強弱に関連する学習では，ふさわしい音量の設定，音量の保持や変化，強弱の対比といったことだけでなく，音色などとも組み合わさって，音量は小さいけれども強さを感じさせる音もあるなど，様々な強弱の印象を生み出すことなどについて指導することが考えられる。

形式とは，定型化された構成法のことであり，音楽としてのまとまりのある形が一般化されたものである。形式に関連する学習では，二部形式，三部形式，ソナタ形式，我が国や諸外国の音楽に見られる様々な楽曲形式などについて指導することが考えられる。なお，我が国の伝統音楽に見られる序破急，音頭一同形式などを扱うことも考えられる。

構成とは，音楽の組み立て方のことである。構成に関連する学習では，反復，変化，対照などの音楽を構成する原理などについて指導することが考えられる。なお，我が国の伝統音楽に見られる「手」などの旋律型やその口唱歌(くちしょうが)を基にした構成などを扱うことも考えられる。

⑽　各学年の〔共通事項〕の(1)のイに示す「用語や記号など」については，小学校学習指導要領第2章第6節音楽の第3の2の(9)に示すものに加え，生徒の学習状況を考慮して，次に示すものを音楽における働きと関わらせて理解し，活用できるよう取り扱うこと。

　　拍　　拍子　　間(ま)　　序破急　　フレーズ　　音階　　調　　和音

　　動機　　Andante　　Moderato　　Allegro　　rit.　　a tempo

　　accel.　　legato　　*pp*　　*ff*　　dim.　　D.C.　　D.S.

　　(フェルマータ)　(テヌート)　(三連符)　(二分休符)　(全休符)　(十六分休符)

ここでは，各学年の〔共通事項〕に示す用語や記号などについて，中学校3学年

間で取り扱うものを示している。

　指導に当たっては，〔共通事項〕の趣旨を踏まえ，生徒が単にそれぞれの名称などを知るだけではなく，音楽活動を通してそれらの働きを実感しながら理解し，表現や鑑賞の学習に生かすことができるように配慮することが大切である。

　音楽科の学習の観点からそれぞれについて，以下に簡単に解説する。

　拍は，音楽の流れの中で，等間隔で刻まれる時間の単位である。例えば，拍を意識することによってリズムや速度などの特徴を生かして表現を工夫すること，rit. や accel. のような拍の伸縮の働きを理解することなどが考えられる。なお，拍に着目した場合，音楽には，「拍のある音楽」と「拍のない音楽」の二つの種類があり，また，「拍のある音楽」には，「拍子のある音楽」と「拍子のない音楽」がある。「拍のない音楽」とは，追分節のように，一定の間隔で手拍子を打つことができないものである。「拍はあるが拍子のない音楽」とは，拍のまとまりに，拍子のような周期性がないものである。例えば，我が国の伝承遊びの歌には，言葉のまとまりが拍のまとまりをつくっていて，そのまとまりには拍子のような周期性がないものがある。このような例は，世界の諸民族の音楽に広く見られる。

　拍子は，拍のある音楽において，二拍でまとまれば二拍子，三拍でまとまれば三拍子のように，拍のまとまりにみられる周期性のことである。例えば，二拍子と三拍子を知覚し，その働きが生み出す特質や雰囲気の違いを感受しながら，表現や鑑賞の活動を行うことなどが考えられる。なお，我が国の伝統音楽を扱う際には，「拍子」という用語が，能において囃子(はやし)を担当する楽器群を指す用語として用いられたり，雅楽における楽器の名称や太鼓を打つ際のリズム・パターンの周期などを示す用語として用いられたりするなど，曲種などによって様々な意味をもつことがある。

　間(ま)は，我が国の伝統音楽の演奏に際して用いられるリズムに関する用語で，拍の頭から次の拍の頭までの間の時間的な距離をいう。拍の位置よりも拍の音価に着目した用語であり，休拍や休止部分を指すこともある。例えば，間によって醸し出される雰囲気や味わいなどを，表現や鑑賞の活動を通して感じ取ることなどが考えられる。なお，間は，拍と同じ意味で用いられるだけでなく，拍の伸縮や，強弱によらない「表間(おもてま)と裏間(うらま)」による二拍子の感覚など，我が国の伝統音楽における特徴的なリズム感をいうときにも用いられるなど，様々な意味をもつことがある。また，我が国の伝統音楽における特徴的なリズム感などに見られる間の特徴は，アジア地域の諸民族の音楽と共通するものも多い。

　序破急は，我が国の伝統音楽において，多様な意味をもつ。本来は，「はじめ・なか・おわり」という形式上の三つの区分やそれに伴う様式の変化のことを表す用語で，転じて，次第に速くなる速度を表す際にも用いられる。例えば，曲の開始

部，中間部，終結部のもつ特徴の違いや，緩急の変化が生み出す音楽の特徴などを，表現や鑑賞の活動を通して理解することなどが考えられる。

フレーズは，音楽の流れの中で，自然に区切られるまとまりである。例えば，フレーズを意識することにより，旋律の特徴を生かした表現を工夫したり，フレーズを手掛かりに拍のない音楽の構造を理解したりすることなどが考えられる。また我が国の伝統音楽における「拍のない音楽」では息継ぎを，「拍があって拍子のない音楽」では文節など言葉の意味の切れ目を，フレーズを捉える際の手掛かりにすることも考えられる。

音階は，音楽に用いられる音を音高順に並べたもので，西洋音楽では主に長音階と短音階の七音音階が，我が国の伝統音楽には民謡音階や都節音階などの五音音階がある。例えば，教材曲の旋律の構成音を調べることによって，音階の特徴を理解することなどが考えられる。

調は，主音の音高と音階の種類とを組み合わせた概念で，主音がハ音の長音階で形づくられている音楽をハ長調，主音がホ音の短音階で形づくられている音楽をホ短調と言うなど，西洋の調性音楽においては最も基本的なものである。例えば，生徒が長調と短調を比較して聴いたり転調に気付いたりして，それらが生み出す曲想の違いや変化を捉えることなどが考えられる。なお，我が国の雅楽などにも同様の調の概念があり，「平調(ひょうぢょう)」，「壱越調(いちこつちょう)」などがある。

和音は，同時に演奏される高さの違う二つ以上の音によって生まれる響きのことである。例えば，和音の種類に着目して，声部の役割や全体の響きを理解する一助にしたり，旋律をつくる手掛かりにしたりすることなどが考えられる。

動機は，音楽を構成する単位として最も小さな旋律やリズムのまとまりである。例えば，創作の活動で，ある動機を即興的につくり，それを基に構成を工夫して旋律をつくったり，鑑賞の活動で，曲の主たる動機を手掛かりにしながら聴き，曲の構造を理解したりすることなどが考えられる。

Andante, Moderato, Allegro, rit., a tempo, accel., legato, pp, ff, dim., D.C., D.S., フェルマータ, テヌート, 三連符, 二分休符, 全休符, 十六分休符は，小学校学習指導要領第２章第６節音楽の「第３　指導計画の作成と内容の取扱い」の２の(9)に示されている「音符，休符，記号や用語」に加えて，義務教育修了段階までに扱うものを示している。例えば，必要に応じて用語の語源などに触れて，どのような音楽の表情を示す用語や記号であるのかを考えることなど，生徒の興味・関心を引き出しながら，表現や鑑賞の活動の中でそれぞれを扱うことが大切である。

付録

目次

- 付録1：学校教育法施行規則（抄） ……………………… 122
- 付録2：中学校学習指導要領　第1章　総則 ……………… 127
- 付録3：中学校学習指導要領　第2章　第5節　音楽 …… 134
- 付録4：教科の目標，各学年の目標及び内容の系統表（中学校音楽科） … 140
- 付録5：歌唱及び鑑賞共通教材一覧 ……………………… 144
- 付録6：小学校学習指導要領　第2章　第6節　音楽 …… 147
- 付録7：教科の目標，各学年の目標及び内容の系統表（小学校音楽科） … 156
- 付録8：中学校学習指導要領　第3章　特別の教科　道徳 … 160
- 付録9：「道徳の内容」の学年段階・学校段階の一覧表 …… 164

学校教育法施行規則（抄）

昭和二十二年五月二十三日文部省令第十一号
一部改正：平成二十九年三月三十一日文部科学省令第二十号
平成三十年八月二十七日文部科学省令第二十七号

第四章　小学校

第二節　教育課程

第五十条　小学校の教育課程は，国語，社会，算数，理科，生活，音楽，図画工作，家庭，体育及び外国語の各教科（以下この節において「各教科」という。），特別の教科である道徳，外国語活動，総合的な学習の時間並びに特別活動によつて編成するものとする。

2　私立の小学校の教育課程を編成する場合は，前項の規定にかかわらず，宗教を加えることができる。この場合においては，宗教をもつて前項の特別の教科である道徳に代えることができる。

第五十四条　児童が心身の状況によつて履修することが困難な各教科は，その児童の心身の状況に適合するように課さなければならない。

第五十五条　小学校の教育課程に関し，その改善に資する研究を行うため特に必要があり，かつ，児童の教育上適切な配慮がなされていると文部科学大臣が認める場合においては，文部科学大臣が別に定めるところにより，第五十条第一項，第五十一条（中学校連携型小学校にあつては第五十二条の三，第七十九条の九第二項に規定する中学校併設型小学校にあつては第七十九条の十二において準用する第七十九条の五第一項）又は第五十二条の規定によらないことができる。

第五十五条の二　文部科学大臣が，小学校において，当該小学校又は当該小学校が設置されている地域の実態に照らし，より効果的な教育を実施するため，当該小学校又は当該地域の特色を生かした特別の教育課程を編成して教育を実施する必要があり，かつ，当該特別の教育課程について，教育基本法（平成十八年法律第百二十号）及び学校教育法第三十条第一項の規定等に照らして適切であり，児童の教育上適切な配慮がなされているものとして文部科学大臣が定める基準を満たしていると認める場合においては，文部科学大臣が別に定めるところにより，第五十条第一項，第五十一条（中学校連携型小学校にあつては第五十二条の三，第七十九条の九第二項に規定する中学校併設型小学校にあつては第七十九条の十二において準用する第七十九条の五第一項）又は第五十二条の規定の全部又は一部によらないことができる。

第五十六条　小学校において，学校生活への適応が困難であるため相当の期間小学校を欠席し引き続き欠席すると認められる児童を対象として，その実態に配慮した特別の教育課程を編成して教育を実施する必要があると文部科学大臣が認める場合においては，文部科学大臣が別に定めるところにより，第五十条第一項，第五十一条（中学校連携型小学校にあつては第五十二条の三，第七十九条の九第二項に規定する中学校併設型小学校にあつては第七十九条の十二において準用する第七十九条の五第一項）又は第五十二条の規定によらないことができる。

第五十六条の二　小学校において，日本語に通じない児童のうち，当該児童の日本語を理

解し、使用する能力に応じた特別の指導を行う必要があるものを教育する場合には、文部科学大臣が別に定めるところにより、第五十条第一項、第五十一条（中学校連携型小学校にあつては第五十二条の三、第七十九条の九第二項に規定する中学校併設型小学校にあつては第七十九条の十二において準用する第七十九条の五第一項）及び第五十二条の規定にかかわらず、特別の教育課程によることができる。

第五十六条の三　前条の規定により特別の教育課程による場合においては、校長は、児童が設置者の定めるところにより他の小学校、義務教育学校の前期課程又は特別支援学校の小学部において受けた授業を、当該児童の在学する小学校において受けた当該特別の教育課程に係る授業とみなすことができる。

第五十六条の四　小学校において、学齢を経過した者のうち、その者の年齢、経験又は勤労の状況その他の実情に応じた特別の指導を行う必要があるものを夜間その他特別の時間において教育する場合には、文部科学大臣が別に定めるところにより、第五十条第一項、第五十一条（中学校連携型小学校にあつては第五十二条の三、第七十九条の九第二項に規定する中学校併設型小学校にあつては第七十九条の十二において準用する第七十九条の五第一項）及び第五十二条の規定にかかわらず、特別の教育課程によることができる。

第三節　学年及び授業日

第六十一条　公立小学校における休業日は、次のとおりとする。ただし、第三号に掲げる日を除き、当該学校を設置する地方公共団体の教育委員会（公立大学法人の設置する小学校にあつては、当該公立大学法人の理事長。第三号において同じ。）が必要と認める場合は、この限りでない。
一　国民の祝日に関する法律（昭和二十三年法律第百七十八号）に規定する日
二　日曜日及び土曜日
三　学校教育法施行令第二十九条第一項の規定により教育委員会が定める日

第六十二条　私立小学校における学期及び休業日は、当該学校の学則で定める。

第五章　中学校

第七十二条　中学校の教育課程は、国語、社会、数学、理科、音楽、美術、保健体育、技術・家庭及び外国語の各教科（以下本章及び第七章中「各教科」という。）、特別の教科である道徳、総合的な学習の時間並びに特別活動によつて編成するものとする。

第七十三条　中学校（併設型中学校、第七十四条の二第二項に規定する小学校連携型中学校、第七十五条第二項に規定する連携型中学校及び第七十九条の九第二項に規定する小学校併設型中学校を除く。）の各学年における各教科、特別の教科である道徳、総合的な学習の時間及び特別活動のそれぞれの授業時数並びに各学年におけるこれらの総授業時数は、別表第二に定める授業時数を標準とする。

第七十四条　中学校の教育課程については、この章に定めるもののほか、教育課程の基準として文部科学大臣が別に公示する中学校学習指導要領によるものとする。

第七十九条　第四十一条から第四十九条まで，第五十条第二項，第五十四条から第六十八条までの規定は，中学校に準用する。この場合において，第四十二条中「五学級」とあるのは「二学級」と，第五十五条から第五十六条の二まで及び第五十六条の四の規定中「第五十条第一項」とあるのは「第七十二条」と，「第五十一条（中学校連携型小学校にあつては第五十二条の三，第七十九条の九第二項に規定する中学校併設型小学校にあつては第七十九条の十二において準用する第七十九条の五第一項）」とあるのは「第七十三条（併設型中学校にあつては第百十七条において準用する第百七条，小学校連携型中学校にあつては第七十四条の三，連携型中学校にあつては第七十六条，第七十九条の九第二項に規定する小学校併設型中学校にあつては第七十九条の十二において準用する第七十九条の五第二項）」と，「第五十二条」とあるのは「第七十四条」と，第五十五条の二中「第三十条第一項」とあるのは「第四十六条」と，第五十六条の三中「他の小学校，義務教育学校の前期課程又は特別支援学校の小学部」とあるのは「他の中学校，義務教育学校の後期課程，中等教育学校の前期課程又は特別支援学校の中学部」と読み替えるものとする。

第八章　特別支援教育

第百三十四条の二　校長は，特別支援学校に在学する児童等について個別の教育支援計画（学校と医療，保健，福祉，労働等に関する業務を行う関係機関及び民間団体（次項において「関係機関等」という。）との連携の下に行う当該児童等に対する長期的な支援に関する計画をいう。）を作成しなければならない。

2　校長は，前項の規定により個別の教育支援計画を作成するに当たつては，当該児童等又はその保護者の意向を踏まえつつ，あらかじめ，関係機関等と当該児童等の支援に関する必要な情報の共有を図らなければならない。

第百三十八条　小学校，中学校若しくは義務教育学校又は中等教育学校の前期課程における特別支援学級に係る教育課程については，特に必要がある場合は，第五十条第一項（第七十九条の六第一項において準用する場合を含む。），第五十一条，第五十二条（第七十九条の六第一項において準用する場合を含む。），第五十二条の三，第七十二条（第七十九条の六第二項及び第百八条第一項において準用する場合を含む。），第七十三条，第七十四条（第七十九条の六第二項及び第百八条第一項において準用する場合を含む。），第七十四条の三，第七十六条，第七十九条の五（第七十九条の十二において準用する場合を含む。）及び第百七条（第百十七条において準用する場合を含む。）の規定にかかわらず，特別の教育課程によることができる。

第百三十九条の二　第百三十四条の二の規定は，小学校，中学校若しくは義務教育学校又は中等教育学校の前期課程における特別支援学級の児童又は生徒について準用する。

第百四十条　小学校，中学校，義務教育学校，高等学校又は中等教育学校において，次の各号のいずれかに該当する児童又は生徒（特別支援学級の児童及び生徒を除く。）のうち当該障害に応じた特別の指導を行う必要があるものを教育する場合には，文部科学大臣が別に定めるところにより，第五十条第一項（第七十九条の六第一項において準用する場合を含む。），第五十一条，第五十二条（第七十九条の六第一項において準用する場

合を含む。),第五十二条の三,第七十二条(第七十九条の六第二項及び第百八条第一項において準用する場合を含む。),第七十三条,第七十四条(第七十九条の六第二項及び第百八条第一項において準用する場合を含む。),第七十四条の三,第七十六条,第七十九条の五(第七十九条の十二において準用する場合を含む。),第八十三条及び第八十四条(第百八条第二項において準用する場合を含む。)並びに第百七条(第百十七条において準用する場合を含む。)の規定にかかわらず,特別の教育課程によることができる。

一　言語障害者
二　自閉症者
三　情緒障害者
四　弱視者
五　難聴者
六　学習障害者
七　注意欠陥多動性障害者
八　その他障害のある者で,この条の規定により特別の教育課程による教育を行うことが適当なもの

第百四十一条　前条の規定により特別の教育課程による場合においては,校長は,児童又は生徒が,当該小学校,中学校,義務教育学校,高等学校又は中等教育学校の設置者の定めるところにより他の小学校,中学校,義務教育学校,高等学校,中等教育学校又は特別支援学校の小学部,中学部若しくは高等部において受けた授業を,当該小学校,中学校,義務教育学校,高等学校又は中等教育学校において受けた当該特別の教育課程に係る授業とみなすことができる。

第百四十一条の二　第百三十四条の二の規定は,第百四十条の規定により特別の指導が行われている児童又は生徒について準用する。

附　則（平成二十九年三月三十一日文部科学省令第二十号）

この省令は,平成三十二年四月一日から施行する。

別表第二（第七十三条関係）

区分		第1学年	第2学年	第3学年
各教科の授業時数	国語	140	140	105
	社会	105	105	140
	数学	140	105	140
	理科	105	140	140
	音楽	45	35	35
	美術	45	35	35
	保健体育	105	105	105
	技術・家庭	70	70	35
	外国語	140	140	140
特別の教科である道徳の授業時数		35	35	35
総合的な学習の時間の授業時数		50	70	70
特別活動の授業時数		35	35	35
総授業時数		1015	1015	1015

備考
一　この表の授業時数の一単位時間は，五十分とする。
二　特別活動の授業時数は，中学校学習指導要領で定める学級活動（学校給食に係るものを除く。）に充てるものとする。

付録1

中学校学習指導要領　第1章　総則

● 第1　中学校教育の基本と教育課程の役割

1　各学校においては，教育基本法及び学校教育法その他の法令並びにこの章以下に示すところに従い，生徒の人間として調和のとれた育成を目指し，生徒の心身の発達の段階や特性及び学校や地域の実態を十分考慮して，適切な教育課程を編成するものとし，これらに掲げる目標を達成するよう教育を行うものとする。

2　学校の教育活動を進めるに当たっては，各学校において，第3の1に示す主体的・対話的で深い学びの実現に向けた授業改善を通して，創意工夫を生かした特色ある教育活動を展開する中で，次の(1)から(3)までに掲げる事項の実現を図り，生徒に生きる力を育むことを目指すものとする。

(1)　基礎的・基本的な知識及び技能を確実に習得させ，これらを活用して課題を解決するために必要な思考力，判断力，表現力等を育むとともに，主体的に学習に取り組む態度を養い，個性を生かし多様な人々との協働を促す教育の充実に努めること。その際，生徒の発達の段階を考慮して，生徒の言語活動など，学習の基盤をつくる活動を充実するとともに，家庭との連携を図りながら，生徒の学習習慣が確立するよう配慮すること。

(2)　道徳教育や体験活動，多様な表現や鑑賞の活動等を通して，豊かな心や創造性の涵養を目指した教育の充実に努めること。

　学校における道徳教育は，特別の教科である道徳（以下「道徳科」という。）を要として学校の教育活動全体を通じて行うものであり，道徳科はもとより，各教科，総合的な学習の時間及び特別活動のそれぞれの特質に応じて，生徒の発達の段階を考慮して，適切な指導を行うこと。

　道徳教育は，教育基本法及び学校教育法に定められた教育の根本精神に基づき，人間としての生き方を考え，主体的な判断の下に行動し，自立した人間として他者と共によりよく生きるための基盤となる道徳性を養うことを目標とすること。

　道徳教育を進めるに当たっては，人間尊重の精神と生命に対する畏敬の念を家庭，学校，その他社会における具体的な生活の中に生かし，豊かな心をもち，伝統と文化を尊重し，それらを育んできた我が国と郷土を愛し，個性豊かな文化の創造を図るとともに，平和で民主的な国家及び社会の形成者として，公共の精神を尊び，社会及び国家の発展に努め，他国を尊重し，国際社会の平和と発展や環境の保全に貢献し未来を拓く主体性のある日本人の育成に資することとなるよう特に留意すること。

(3)　学校における体育・健康に関する指導を，生徒の発達の段階を考慮して，学校の教育活動全体を通じて適切に行うことにより，健康で安全な生活と豊かなスポーツライフの実現を目指した教育の充実に努めること。特に，学校における食育の推進並びに体力の向上に関する指導，安全に関する指導及び心身の健康の保持増進に関する指導については，保健体育科，技術・家庭科及び特別活動の時間はもとより，各教科，道徳科及び総合的な学習の時間などにおいてもそれぞれの特質に応じて適切に行うよう努めること。また，それらの指導を通して，家庭や地域社会との連携を図りながら，日常生活において適切な体育・健康に関する活動の実践を促し，生涯を通じて健康・安全で活力ある生活を送るための基礎が培われるよう配慮すること。

3　2の(1)から(3)までに掲げる事項の実現を図り，豊かな創造性を備え持続可能な社会の創り手となることが期待される生徒に，生きる力を育むことを目指すに当たっては，学校教育全体並びに各教科，道徳科，総合的な学習の時間及び特別活動（以下「各教科等」という。ただし，第2の

3の(2)のア及びウにおいて，特別活動については学級活動（学校給食に係るものを除く。）に限る。）の指導を通してどのような資質・能力の育成を目指すのかを明確にしながら，教育活動の充実を図るものとする。その際，生徒の発達の段階や特性等を踏まえつつ，次に掲げることが偏りなく実現できるようにするものとする。
(1) 知識及び技能が習得されるようにすること。
(2) 思考力，判断力，表現力等を育成すること。
(3) 学びに向かう力，人間性等を涵養すること。
4 各学校においては，生徒や学校，地域の実態を適切に把握し，教育の目的や目標の実現に必要な教育の内容等を教科等横断的な視点で組み立てていくこと，教育課程の実施状況を評価してその改善を図っていくこと，教育課程の実施に必要な人的又は物的な体制を確保するとともにその改善を図っていくことなどを通して，教育課程に基づき組織的かつ計画的に各学校の教育活動の質の向上を図っていくこと（以下「カリキュラム・マネジメント」という。）に努めるものとする。

● 第2 教育課程の編成

1 各学校の教育目標と教育課程の編成
　教育課程の編成に当たっては，学校教育全体や各教科等における指導を通して育成を目指す資質・能力を踏まえつつ，各学校の教育目標を明確にするとともに，教育課程の編成についての基本的な方針が家庭や地域とも共有されるよう努めるものとする。その際，第4章総合的な学習の時間の第2の1に基づき定められる目標との関連を図るものとする。
2 教科等横断的な視点に立った資質・能力の育成
(1) 各学校においては，生徒の発達の段階を考慮し，言語能力，情報活用能力（情報モラルを含む。），問題発見・解決能力等の学習の基盤となる資質・能力を育成していくことができるよう，各教科等の特質を生かし，教科等横断的な視点から教育課程の編成を図るものとする。
(2) 各学校においては，生徒や学校，地域の実態及び生徒の発達の段階を考慮し，豊かな人生の実現や災害等を乗り越えて次代の社会を形成することに向けた現代的な諸課題に対応して求められる資質・能力を，教科等横断的な視点で育成していくことができるよう，各学校の特色を生かした教育課程の編成を図るものとする。
3 教育課程の編成における共通的事項
(1) 内容等の取扱い
　ア 第2章以下に示す各教科，道徳科及び特別活動の内容に関する事項は，特に示す場合を除き，いずれの学校においても取り扱わなければならない。
　イ 学校において特に必要がある場合には，第2章以下に示していない内容を加えて指導することができる。また，第2章以下に示す内容の取扱いのうち内容の範囲や程度等を示す事項は，全ての生徒に対して指導するものとする内容の範囲や程度等を示したものであり，学校において特に必要がある場合には，この事項にかかわらず加えて指導することができる。ただし，これらの場合には，第2章以下に示す各教科，道徳科及び特別活動の目標や内容の趣旨を逸脱したり，生徒の負担過重となったりすることのないようにしなければならない。
　ウ 第2章以下に示す各教科，道徳科及び特別活動の内容に掲げる事項の順序は，特に示す場合を除き，指導の順序を示すものではないので，学校においては，その取扱いについて適切な工夫を加えるものとする。
　エ 学校において2以上の学年の生徒で編制する学級について特に必要がある場合には，各教科の目標の達成に支障のない範囲内で，各教科の目標及び内容について学年別の順序によら

ないことができる。
オ 各学校においては，生徒や学校，地域の実態を考慮して，生徒の特性等に応じた多様な学習活動が行えるよう，第2章に示す各教科や，特に必要な教科を，選択教科として開設し生徒に履修させることができる。その場合にあっては，全ての生徒に指導すべき内容との関連を図りつつ，選択教科の授業時数及び内容を適切に定め選択教科の指導計画を作成し，生徒の負担過重となることのないようにしなければならない。また，特に必要な教科の名称，目標，内容などについては，各学校が適切に定めるものとする。
カ 道徳科を要として学校の教育活動全体を通じて行う道徳教育の内容は，第3章特別の教科道徳の第2に示す内容とし，その実施に当たっては，第6に示す道徳教育に関する配慮事項を踏まえるものとする。

(2) 授業時数等の取扱い

ア 各教科等の授業は，年間35週以上にわたって行うよう計画し，週当たりの授業時数が生徒の負担過重にならないようにするものとする。ただし，各教科等や学習活動の特質に応じ効果的な場合には，夏季，冬季，学年末等の休業日の期間に授業日を設定する場合を含め，これらの授業を特定の期間に行うことができる。

イ 特別活動の授業のうち，生徒会活動及び学校行事については，それらの内容に応じ，年間，学期ごと，月ごとなどに適切な授業時数を充てるものとする。

ウ 各学校の時間割については，次の事項を踏まえ適切に編成するものとする。
  (ア) 各教科等のそれぞれの授業の1単位時間は，各学校において，各教科等の年間授業時数を確保しつつ，生徒の発達の段階及び各教科等や学習活動の特質を考慮して適切に定めること。
  (イ) 各教科等の特質に応じ，10分から15分程度の短い時間を活用して特定の教科等の指導を行う場合において，当該教科等を担当する教師が，単元や題材など内容や時間のまとまりを見通した中で，その指導内容の決定や指導の成果の把握と活用等を責任をもって行う体制が整備されているときは，その時間を当該教科等の年間授業時数に含めることができること。
  (ウ) 給食，休憩などの時間については，各学校において工夫を加え，適切に定めること。
  (エ) 各学校において，生徒や学校，地域の実態，各教科等や学習活動の特質等に応じて，創意工夫を生かした時間割を弾力的に編成できること。

エ 総合的な学習の時間における学習活動により，特別活動の学校行事に掲げる各行事の実施と同様の成果が期待できる場合においては，総合的な学習の時間における学習活動をもって相当する特別活動の学校行事に掲げる各行事の実施に替えることができる。

(3) 指導計画の作成等に当たっての配慮事項

各学校においては，次の事項に配慮しながら，学校の創意工夫を生かし，全体として，調和のとれた具体的な指導計画を作成するものとする。

ア 各教科等の指導内容については，(1)のアを踏まえつつ，単元や題材など内容や時間のまとまりを見通しながら，そのまとめ方や重点の置き方に適切な工夫を加え，第3の1に示す主体的・対話的で深い学びの実現に向けた授業改善を通して資質・能力を育む効果的な指導ができるようにすること。

イ 各教科等及び各学年相互間の関連を図り，系統的，発展的な指導ができるようにすること。

4 学校段階間の接続

教育課程の編成に当たっては，次の事項に配慮しながら，学校段階間の接続を図るものとする。

(1) 小学校学習指導要領を踏まえ，小学校教育までの学習の成果が中学校教育に円滑に接続され，義務教育段階の終わりまでに育成することを目指す資質・能力を，生徒が確実に身に付けることができるよう工夫すること。特に，義務教育学校，小学校連携型中学校及び小学校併設型中学校においては，義務教育9年間を見通した計画的かつ継続的な教育課程を編成すること。

(2) 高等学校学習指導要領を踏まえ，高等学校教育及びその後の教育との円滑な接続が図られるよう工夫すること。特に，中等教育学校，連携型中学校及び併設型中学校においては，中等教育6年間を見通した計画的かつ継続的な教育課程を編成すること。

第3 教育課程の実施と学習評価

1 主体的・対話的で深い学びの実現に向けた授業改善
　各教科等の指導に当たっては，次の事項に配慮するものとする。
(1) 第1の3の(1)から(3)までに示すことが偏りなく実現されるよう，単元や題材など内容や時間のまとまりを見通しながら，生徒の主体的・対話的で深い学びの実現に向けた授業改善を行うこと。
　　特に，各教科等において身に付けた知識及び技能を活用したり，思考力，判断力，表現力等や学びに向かう力，人間性等を発揮させたりして，学習の対象となる物事を捉え思考することにより，各教科等の特質に応じた物事を捉える視点や考え方（以下「見方・考え方」という。）が鍛えられていくことに留意し，生徒が各教科等の特質に応じた見方・考え方を働かせながら，知識を相互に関連付けてより深く理解したり，情報を精査して考えを形成したり，問題を見いだして解決策を考えたり，思いや考えを基に創造したりすることに向かう過程を重視した学習の充実を図ること。
(2) 第2の2の(1)に示す言語能力の育成を図るため，各学校において必要な言語環境を整えるとともに，国語科を要としつつ各教科等の特質に応じて，生徒の言語活動を充実すること。あわせて，(7)に示すとおり読書活動を充実すること。
(3) 第2の2の(1)に示す情報活用能力の育成を図るため，各学校において，コンピュータや情報通信ネットワークなどの情報手段を活用するために必要な環境を整え，これらを適切に活用した学習活動の充実を図ること。また，各種の統計資料や新聞，視聴覚教材や教育機器などの教材・教具の適切な活用を図ること。
(4) 生徒が学習の見通しを立てたり学習したことを振り返ったりする活動を，計画的に取り入れるように工夫すること。
(5) 生徒が生命の有限性や自然の大切さ，主体的に挑戦してみることや多様な他者と協働することの重要性などを実感しながら理解することができるよう，各教科等の特質に応じた体験活動を重視し，家庭や地域社会と連携しつつ体系的・継続的に実施できるよう工夫すること。
(6) 生徒が自ら学習課題や学習活動を選択する機会を設けるなど，生徒の興味・関心を生かした自主的，自発的な学習が促されるよう工夫すること。
(7) 学校図書館を計画的に利用しその機能の活用を図り，生徒の主体的・対話的で深い学びの実現に向けた授業改善に生かすとともに，生徒の自主的，自発的な学習活動や読書活動を充実すること。また，地域の図書館や博物館，美術館，劇場，音楽堂等の施設の活用を積極的に図り，資料を活用した情報の収集や鑑賞等の学習活動を充実すること。

2 学習評価の充実
　学習評価の実施に当たっては，次の事項に配慮するものとする。
(1) 生徒のよい点や進歩の状況などを積極的に評価し，学習したことの意義や価値を実感できる

ようにすること。また，各教科等の目標の実現に向けた学習状況を把握する観点から，単元や題材など内容や時間のまとまりを見通しながら評価の場面や方法を工夫して，学習の過程や成果を評価し，指導の改善や学習意欲の向上を図り，資質・能力の育成に生かすようにすること。
(2) 創意工夫の中で学習評価の妥当性や信頼性が高められるよう，組織的かつ計画的な取組を推進するとともに，学年や学校段階を越えて生徒の学習の成果が円滑に接続されるように工夫すること。

● 第4　生徒の発達の支援

1 生徒の発達を支える指導の充実
　教育課程の編成及び実施に当たっては，次の事項に配慮するものとする。
(1) 学習や生活の基盤として，教師と生徒との信頼関係及び生徒相互のよりよい人間関係を育てるため，日頃から学級経営の充実を図ること。また，主に集団の場面で必要な指導や援助を行うガイダンスと，個々の生徒の多様な実態を踏まえ，一人一人が抱える課題に個別に対応した指導を行うカウンセリングの双方により，生徒の発達を支援すること。
(2) 生徒が，自己の存在感を実感しながら，よりよい人間関係を形成し，有意義で充実した学校生活を送る中で，現在及び将来における自己実現を図っていくことができるよう，生徒理解を深め，学習指導と関連付けながら，生徒指導の充実を図ること。
(3) 生徒が，学ぶことと自己の将来とのつながりを見通しながら，社会的・職業的自立に向けて必要な基盤となる資質・能力を身に付けていくことができるよう，特別活動を要としつつ各教科等の特質に応じて，キャリア教育の充実を図ること。その中で，生徒が自らの生き方を考え主体的に進路を選択することができるよう，学校の教育活動全体を通じ，組織的かつ計画的な進路指導を行うこと。
(4) 生徒が，基礎的・基本的な知識及び技能の習得も含め，学習内容を確実に身に付けることができるよう，生徒や学校の実態に応じ，個別学習やグループ別学習，繰り返し学習，学習内容の習熟の程度に応じた学習，生徒の興味・関心等に応じた課題学習，補充的な学習や発展的な学習などの学習活動を取り入れることや，教師間の協力による指導体制を確保することなど，指導方法や指導体制の工夫改善により，個に応じた指導の充実を図ること。その際，第3の1の(3)に示す情報手段や教材・教具の活用を図ること。

2 特別な配慮を必要とする生徒への指導
(1) 障害のある生徒などへの指導
　ア　障害のある生徒などについては，特別支援学校等の助言又は援助を活用しつつ，個々の生徒の障害の状態等に応じた指導内容や指導方法の工夫を組織的かつ計画的に行うものとする。
　イ　特別支援学級において実施する特別の教育課程については，次のとおり編成するものとする。
　　(ア)　障害による学習上又は生活上の困難を克服し自立を図るため，特別支援学校小学部・中学部学習指導要領第7章に示す自立活動を取り入れること。
　　(イ)　生徒の障害の程度や学級の実態等を考慮の上，各教科の目標や内容を下学年の教科の目標や内容に替えたり，各教科を，知的障害者である生徒に対する教育を行う特別支援学校の各教科に替えたりするなどして，実態に応じた教育課程を編成すること。
　ウ　障害のある生徒に対して，通級による指導を行い，特別の教育課程を編成する場合には，特別支援学校小学部・中学部学習指導要領第7章に示す自立活動の内容を参考とし，具体的

な目標や内容を定め，指導を行うものとする。その際，効果的な指導が行われるよう，各教科等と通級による指導との関連を図るなど，教師間の連携に努めるものとする。

　エ　障害のある生徒などについては，家庭，地域及び医療や福祉，保健，労働等の業務を行う関係機関との連携を図り，長期的な視点で生徒への教育的支援を行うために，個別の教育支援計画を作成し活用することに努めるとともに，各教科等の指導に当たって，個々の生徒の実態を的確に把握し，個別の指導計画を作成し活用することに努めるものとする。特に，特別支援学級に在籍する生徒や通級による指導を受ける生徒については，個々の生徒の実態を的確に把握し，個別の教育支援計画や個別の指導計画を作成し，効果的に活用するものとする。

(2) 海外から帰国した生徒などの学校生活への適応や，日本語の習得に困難のある生徒に対する日本語指導

　ア　海外から帰国した生徒などについては，学校生活への適応を図るとともに，外国における生活経験を生かすなどの適切な指導を行うものとする。

　イ　日本語の習得に困難のある生徒については，個々の生徒の実態に応じた指導内容や指導方法の工夫を組織的かつ計画的に行うものとする。特に，通級による日本語指導については，教師間の連携に努め，指導についての計画を個別に作成することなどにより，効果的な指導に努めるものとする。

(3) 不登校生徒への配慮

　ア　不登校生徒については，保護者や関係機関と連携を図り，心理や福祉の専門家の助言又は援助を得ながら，社会的自立を目指す観点から，個々の生徒の実態に応じた情報の提供その他の必要な支援を行うものとする。

　イ　相当の期間中学校を欠席し引き続き欠席すると認められる生徒を対象として，文部科学大臣が認める特別の教育課程を編成する場合には，生徒の実態に配慮した教育課程を編成するとともに，個別学習やグループ別学習など指導方法や指導体制の工夫改善に努めるものとする。

(4) 学齢を経過した者への配慮

　ア　夜間その他の特別の時間に授業を行う課程において学齢を経過した者を対象として特別の教育課程を編成する場合には，学齢を経過した者の年齢，経験又は勤労状況その他の実情を踏まえ，中学校教育の目的及び目標並びに第2章以下に示す各教科等の目標に照らして，中学校教育を通じて育成を目指す資質・能力を身に付けることができるようにするものとする。

　イ　学齢を経過した者を教育する場合には，個別学習やグループ別学習など指導方法や指導体制の工夫改善に努めるものとする。

●第5　学校運営上の留意事項

1　教育課程の改善と学校評価，教育課程外の活動との連携等

　ア　各学校においては，校長の方針の下に，校務分掌に基づき教職員が適切に役割を分担しつつ，相互に連携しながら，各学校の特色を生かしたカリキュラム・マネジメントを行うよう努めるものとする。また，各学校が行う学校評価については，教育課程の編成，実施，改善が教育活動や学校運営の中核となることを踏まえ，カリキュラム・マネジメントと関連付けながら実施するよう留意するものとする。

　イ　教育課程の編成及び実施に当たっては，学校保健計画，学校安全計画，食に関する指導の全体計画，いじめの防止等のための対策に関する基本的な方針など，各分野における学校の

全体計画等と関連付けながら,効果的な指導が行われるように留意するものとする。
　　ウ　教育課程外の学校教育活動と教育課程の関連が図られるように留意するものとする。特に,生徒の自主的,自発的な参加により行われる部活動については,スポーツや文化,科学等に親しませ,学習意欲の向上や責任感,連帯感の涵養等,学校教育が目指す資質・能力の育成に資するものであり,学校教育の一環として,教育課程との関連が図られるよう留意すること。その際,学校や地域の実態に応じ,地域の人々の協力,社会教育施設や社会教育関係団体等の各種団体との連携などの運営上の工夫を行い,持続可能な運営体制が整えられるようにするものとする。
2　家庭や地域社会との連携及び協働と学校間の連携
　　教育課程の編成及び実施に当たっては,次の事項に配慮するものとする。
　　ア　学校がその目的を達成するため,学校や地域の実態等に応じ,教育活動の実施に必要な人的又は物的な体制を家庭や地域の人々の協力を得ながら整えるなど,家庭や地域社会との連携及び協働を深めること。また,高齢者や異年齢の子供など,地域における世代を越えた交流の機会を設けること。
　　イ　他の中学校や,幼稚園,認定こども園,保育所,小学校,高等学校,特別支援学校などとの間の連携や交流を図るとともに,障害のある幼児児童生徒との交流及び共同学習の機会を設け,共に尊重し合いながら協働して生活していく態度を育むようにすること。

第6　道徳教育に関する配慮事項

　　道徳教育を進めるに当たっては,道徳教育の特質を踏まえ,前項までに示す事項に加え,次の事項に配慮するものとする。
1　各学校においては,第1の2の(2)に示す道徳教育の目標を踏まえ,道徳教育の全体計画を作成し,校長の方針の下に,道徳教育の推進を主に担当する教師(以下「道徳教育推進教師」という。)を中心に,全教師が協力して道徳教育を展開すること。なお,道徳教育の全体計画の作成に当たっては,生徒や学校,地域の実態を考慮して,学校の道徳教育の重点目標を設定するとともに,道徳科の指導方針,第3章特別の教科道徳の第2に示す内容との関連を踏まえた各教科,総合的な学習の時間及び特別活動における指導の内容及び時期並びに家庭や地域社会との連携の方法を示すこと。
2　各学校においては,生徒の発達の段階や特性等を踏まえ,指導内容の重点化を図ること。その際,小学校における道徳教育の指導内容を更に発展させ,自立心や自律性を高め,規律ある生活をすること,生命を尊重する心や自らの弱さを克服して気高く生きようとする心を育てること,法やきまりの意義に関する理解を深めること,自らの将来の生き方を考え主体的に社会の形成に参画する意欲と態度を養うこと,伝統と文化を尊重し,それらを育んできた我が国と郷土を愛するとともに,他国を尊重すること,国際社会に生きる日本人としての自覚を身に付けることに留意すること。
3　学校や学級内の人間関係や環境を整えるとともに,職場体験活動やボランティア活動,自然体験活動,地域の行事への参加などの豊かな体験を充実すること。また,道徳教育の指導内容が,生徒の日常生活に生かされるようにすること。その際,いじめの防止や安全の確保等にも資することとなるよう留意すること。
4　学校の道徳教育の全体計画や道徳教育に関する諸活動などの情報を積極的に公表したり,道徳教育の充実のために家庭や地域の人々の積極的な参加や協力を得たりするなど,家庭や地域社会との共通理解を深め,相互の連携を図ること。

付録2

中学校学習指導要領　第2章　第5節　音楽

● 第1　目　標

表現及び鑑賞の幅広い活動を通して，音楽的な見方・考え方を働かせ，生活や社会の中の音や音楽，音楽文化と豊かに関わる資質・能力を次のとおり育成することを目指す。

(1) 曲想と音楽の構造や背景などとの関わり及び音楽の多様性について理解するとともに，創意工夫を生かした音楽表現をするために必要な技能を身に付けるようにする。

(2) 音楽表現を創意工夫することや，音楽のよさや美しさを味わって聴くことができるようにする。

(3) 音楽活動の楽しさを体験することを通して，音楽を愛好する心情を育むとともに，音楽に対する感性を豊かにし，音楽に親しんでいく態度を養い，豊かな情操を培う。

● 第2　各学年の目標及び内容

〔第1学年〕

1　目　標

(1) 曲想と音楽の構造などとの関わり及び音楽の多様性について理解するとともに，創意工夫を生かした音楽表現をするために必要な歌唱，器楽，創作の技能を身に付けるようにする。

(2) 音楽表現を創意工夫することや，音楽を自分なりに評価しながらよさや美しさを味わって聴くことができるようにする。

(3) 主体的・協働的に表現及び鑑賞の学習に取り組み，音楽活動の楽しさを体験することを通して，音楽文化に親しむとともに，音楽によって生活を明るく豊かなものにしていく態度を養う。

2　内　容

A　表　現

(1) 歌唱の活動を通して，次の事項を身に付けることができるよう指導する。

　ア　歌唱表現に関わる知識や技能を得たり生かしたりしながら，歌唱表現を創意工夫すること。

　イ　次の(ア)及び(イ)について理解すること。

　　(ア) 曲想と音楽の構造や歌詞の内容との関わり

　　(イ) 声の音色や響き及び言葉の特性と曲種に応じた発声との関わり

　ウ　次の(ア)及び(イ)の技能を身に付けること。

　　(ア) 創意工夫を生かした表現で歌うために必要な発声，言葉の発音，身体の使い方などの技能

　　(イ) 創意工夫を生かし，全体の響きや各声部の声などを聴きながら他者と合わせて歌う技能

(2) 器楽の活動を通して，次の事項を身に付けることができるよう指導する。

　ア　器楽表現に関わる知識や技能を得たり生かしたりしながら，器楽表現を創意工夫すること。

　イ　次の(ア)及び(イ)について理解すること。

　　(ア) 曲想と音楽の構造との関わり

　　(イ) 楽器の音色や響きと奏法との関わり

　ウ　次の(ア)及び(イ)の技能を身に付けること。

　　(ア) 創意工夫を生かした表現で演奏するために必要な奏法，身体の使い方などの技能

(イ) 創意工夫を生かし，全体の響きや各声部の音などを聴きながら他者と合わせて演奏する技能
　(3) 創作の活動を通して，次の事項を身に付けることができるよう指導する。
　　ア　創作表現に関わる知識や技能を得たり生かしたりしながら，創作表現を創意工夫すること。
　　イ　次の(ア)及び(イ)について，表したいイメージと関わらせて理解すること。
　　　(ア) 音のつながり方の特徴
　　　(イ) 音素材の特徴及び音の重なり方や反復，変化，対照などの構成上の特徴
　　ウ　創意工夫を生かした表現で旋律や音楽をつくるために必要な，課題や条件に沿った音の選択や組合せなどの技能を身に付けること。

B　鑑　賞
(1) 鑑賞の活動を通して，次の事項を身に付けることができるよう指導する。
　ア　鑑賞に関わる知識を得たり生かしたりしながら，次の(ア)から(ウ)までについて自分なりに考え，音楽のよさや美しさを味わって聴くこと。
　　(ア) 曲や演奏に対する評価とその根拠
　　(イ) 生活や社会における音楽の意味や役割
　　(ウ) 音楽表現の共通性や固有性
　イ　次の(ア)から(ウ)までについて理解すること。
　　(ア) 曲想と音楽の構造との関わり
　　(イ) 音楽の特徴とその背景となる文化や歴史，他の芸術との関わり
　　(ウ) 我が国や郷土の伝統音楽及びアジア地域の諸民族の音楽の特徴と，その特徴から生まれる音楽の多様性

〔共通事項〕
(1) 「A表現」及び「B鑑賞」の指導を通して，次の事項を身に付けることができるよう指導する。
　ア　音楽を形づくっている要素や要素同士の関連を知覚し，それらの働きが生み出す特質や雰囲気を感受しながら，知覚したことと感受したこととの関わりについて考えること。
　イ　音楽を形づくっている要素及びそれらに関わる用語や記号などについて，音楽における働きと関わらせて理解すること。

〔第2学年及び第3学年〕

1　目　標
(1) 曲想と音楽の構造や背景などとの関わり及び音楽の多様性について理解するとともに，創意工夫を生かした音楽表現をするために必要な歌唱，器楽，創作の技能を身に付けるようにする。
(2) 曲にふさわしい音楽表現を創意工夫することや，音楽を評価しながらよさや美しさを味わって聴くことができるようにする。
(3) 主体的・協働的に表現及び鑑賞の学習に取り組み，音楽活動の楽しさを体験することを通して，音楽文化に親しむとともに，音楽によって生活を明るく豊かなものにし，音楽に親しんでいく態度を養う。

2　内　容
A　表　現
(1) 歌唱の活動を通して，次の事項を身に付けることができるよう指導する。
　ア　歌唱表現に関わる知識や技能を得たり生かしたりしながら，曲にふさわしい歌唱表現を創

意工夫すること。
　　イ　次の(ア)及び(イ)について理解すること。
　　　(ア)　曲想と音楽の構造や歌詞の内容及び曲の背景との関わり
　　　(イ)　声の音色や響き及び言葉の特性と曲種に応じた発声との関わり
　　ウ　次の(ア)及び(イ)の技能を身に付けること。
　　　(ア)　創意工夫を生かした表現で歌うために必要な発声，言葉の発音，身体の使い方などの技能
　　　(イ)　創意工夫を生かし，全体の響きや各声部の声などを聴きながら他者と合わせて歌う技能
　(2)　器楽の活動を通して，次の事項を身に付けることができるよう指導する。
　　ア　器楽表現に関わる知識や技能を得たり生かしたりしながら，曲にふさわしい器楽表現を創意工夫すること。
　　イ　次の(ア)及び(イ)について理解すること。
　　　(ア)　曲想と音楽の構造や曲の背景との関わり
　　　(イ)　楽器の音色や響きと奏法との関わり
　　ウ　次の(ア)及び(イ)の技能を身に付けること。
　　　(ア)　創意工夫を生かした表現で演奏するために必要な奏法，身体の使い方などの技能
　　　(イ)　創意工夫を生かし，全体の響きや各声部の音などを聴きながら他者と合わせて演奏する技能
　(3)　創作の活動を通して，次の事項を身に付けることができるよう指導する。
　　ア　創作表現に関わる知識や技能を得たり生かしたりしながら，まとまりのある創作表現を創意工夫すること。
　　イ　次の(ア)及び(イ)について，表したいイメージと関わらせて理解すること。
　　　(ア)　音階や言葉などの特徴及び音のつながり方の特徴
　　　(イ)　音素材の特徴及び音の重なり方や反復，変化，対照などの構成上の特徴
　　ウ　創意工夫を生かした表現で旋律や音楽をつくるために必要な，課題や条件に沿った音の選択や組合せなどの技能を身に付けること。
　B　鑑　賞
　(1)　鑑賞の活動を通して，次の事項を身に付けることができるよう指導する。
　　ア　鑑賞に関わる知識を得たり生かしたりしながら，次の(ア)から(ウ)までについて考え，音楽のよさや美しさを味わって聴くこと。
　　　(ア)　曲や演奏に対する評価とその根拠
　　　(イ)　生活や社会における音楽の意味や役割
　　　(ウ)　音楽表現の共通性や固有性
　　イ　次の(ア)から(ウ)までについて理解すること。
　　　(ア)　曲想と音楽の構造との関わり
　　　(イ)　音楽の特徴とその背景となる文化や歴史，他の芸術との関わり
　　　(ウ)　我が国や郷土の伝統音楽及び諸外国の様々な音楽の特徴と，その特徴から生まれる音楽の多様性
〔共通事項〕
　(1)　「A表現」及び「B鑑賞」の指導を通して，次の事項を身に付けることができるよう指導する。
　　ア　音楽を形づくっている要素や要素同士の関連を知覚し，それらの働きが生み出す特質や雰囲気を感受しながら，知覚したことと感受したこととの関わりについて考えること。
　　イ　音楽を形づくっている要素及びそれらに関わる用語や記号などについて，音楽における働

きと関わらせて理解すること。

第3 指導計画の作成と内容の取扱い

1 指導計画の作成に当たっては,次の事項に配慮するものとする。
 (1) 題材など内容や時間のまとまりを見通して,その中で育む資質・能力の育成に向けて,生徒の主体的・対話的で深い学びの実現を図るようにすること。その際,音楽的な見方・考え方を働かせ,他者と協働しながら,音楽表現を生み出したり音楽を聴いてそのよさや美しさなどを見いだしたりするなど,思考,判断し,表現する一連の過程を大切にした学習の充実を図ること。
 (2) 第2の各学年の内容の「A表現」の(1),(2)及び(3)の指導については,ア,イ及びウの各事項を,「B鑑賞」の(1)の指導については,ア及びイの各事項を適切に関連させて指導すること。
 (3) 第2の各学年の内容の〔共通事項〕は,表現及び鑑賞の学習において共通に必要となる資質・能力であり,「A表現」及び「B鑑賞」の指導と併せて,十分な指導が行われるよう工夫すること。
 (4) 第2の各学年の内容の「A表現」の(1),(2)及び(3)並びに「B鑑賞」の(1)の指導については,それぞれ特定の活動のみに偏らないようにするとともに,必要に応じて,〔共通事項〕を要として各領域や分野の関連を図るようにすること。
 (5) 障害のある生徒などについては,学習活動を行う場合に生じる困難さに応じた指導内容や指導方法の工夫を計画的,組織的に行うこと。
 (6) 第1章総則の第1の2の(2)に示す道徳教育の目標に基づき,道徳科などとの関連を考慮しながら,第3章特別の教科道徳の第2に示す内容について,音楽科の特質に応じて適切な指導をすること。

2 第2の内容の取扱いについては,次の事項に配慮するものとする。
 (1) 各学年の「A表現」及び「B鑑賞」の指導に当たっては,次のとおり取り扱うこと。
  ア 音楽活動を通して,それぞれの教材等に応じ,音や音楽が生活に果たす役割を考えさせるなどして,生徒が音や音楽と生活や社会との関わりを実感できるよう指導を工夫すること。なお,適宜,自然音や環境音などについても取り扱い,音環境への関心を高めることができるよう指導を工夫すること。
  イ 音楽によって喚起された自己のイメージや感情,音楽表現に対する思いや意図,音楽に対する評価などを伝え合い共感するなど,音や音楽及び言葉によるコミュニケーションを図り,音楽科の特質に応じた言語活動を適切に位置付けられるよう指導を工夫すること。
  ウ 知覚したことと感受したこととの関わりを基に音楽の特徴を捉えたり,思考,判断の過程や結果を表したり,それらについて他者と共有,共感したりする際には,適宜,体を動かす活動も取り入れるようにすること。
  エ 生徒が様々な感覚を関連付けて音楽への理解を深めたり,主体的に学習に取り組んだりすることができるようにするため,コンピュータや教育機器を効果的に活用できるよう指導を工夫すること。
  オ 生徒が学校内及び公共施設などの学校外における音楽活動とのつながりを意識できるようにするなど,生徒や学校,地域の実態に応じ,生活や社会の中の音や音楽,音楽文化と主体的に関わっていくことができるよう配慮すること。
  カ 自己や他者の著作物及びそれらの著作者の創造性を尊重する態度の形成を図るとともに,必要に応じて,音楽に関する知的財産権について触れるようにすること。また,こうした態度の形成が,音楽文化の継承,発展,創造を支えていることへの理解につながるよう配慮す

ること。
(2) 各学年の「A表現」の(1)の歌唱の指導に当たっては,次のとおり取り扱うこと。
　ア　歌唱教材は,次に示すものを取り扱うこと。
　　(ｱ)　我が国及び諸外国の様々な音楽のうち,指導のねらいに照らして適切で,生徒にとって親しみがもてたり意欲が高められたり,生活や社会において音楽が果たしている役割が感じ取れたりできるもの。
　　(ｲ)　民謡,長唄などの我が国の伝統的な歌唱のうち,生徒や学校,地域の実態を考慮して,伝統的な声や歌い方の特徴を感じ取れるもの。なお,これらを取り扱う際は,その表現活動を通して,生徒が我が国や郷土の伝統音楽のよさを味わい,愛着をもつことができるよう工夫すること。
　　(ｳ)　我が国で長く歌われ親しまれている歌曲のうち,我が国の自然や四季の美しさを感じ取れるもの又は我が国の文化や日本語のもつ美しさを味わえるもの。なお,各学年において,以下の共通教材の中から1曲以上を含めること。

　　　「赤とんぼ」　　三木露風作詞　　山田耕筰作曲
　　　「荒城の月」　　土井晩翠作詞　　滝廉太郎作曲
　　　「早春賦」　　　吉丸一昌作詞　　中田　章作曲
　　　「夏の思い出」　江間章子作詞　　中田喜直作曲
　　　「花」　　　　　武島羽衣作詞　　滝廉太郎作曲
　　　「花の街」　　　江間章子作詞　　團伊玖磨作曲
　　　「浜辺の歌」　　林　古溪作詞　　成田為三作曲

　イ　変声期及び変声前後の声の変化について気付かせ,変声期の生徒を含む全ての生徒の心理的な面についても配慮するとともに,変声期の生徒については適切な声域と声量によって歌わせるようにすること。
　ウ　相対的な音程感覚などを育てるために,適宜,移動ド唱法を用いること。
(3) 各学年の「A表現」の(2)の器楽の指導に当たっては,次のとおり取り扱うこと。
　ア　器楽教材は,次に示すものを取り扱うこと。
　　(ｱ)　我が国及び諸外国の様々な音楽のうち,指導のねらいに照らして適切で,生徒にとって親しみがもてたり意欲が高められたり,生活や社会において音楽が果たしている役割が感じ取れたりできるもの。
　イ　生徒や学校,地域の実態などを考慮した上で,指導上の必要に応じて和楽器,弦楽器,管楽器,打楽器,鍵盤楽器,電子楽器及び世界の諸民族の楽器を適宜用いること。なお,3学年間を通じて1種類以上の和楽器を取り扱い,その表現活動を通して,生徒が我が国や郷土の伝統音楽のよさを味わい,愛着をもつことができるよう工夫すること。
(4) 歌唱及び器楽の指導における合わせて歌ったり演奏したりする表現形態では,他者と共に一つの音楽表現をつくる過程を大切にするとともに,生徒一人一人が,担当する声部の役割と全体の響きについて考え,主体的に創意工夫できるよう指導を工夫すること。
(5) 読譜の指導に当たっては,小学校における学習を踏まえ,♯や♭の調号としての意味を理解させるとともに,3学年間を通じて,1♯,1♭程度をもった調号の楽譜の視唱や視奏に慣れさせるようにすること。
(6) 我が国の伝統的な歌唱や和楽器の指導に当たっては,言葉と音楽との関係,姿勢や身体の使い方についても配慮するとともに,適宜,口唱歌を用いること。
(7) 各学年の「A表現」の(3)の創作の指導に当たっては,即興的に音を出しながら音のつながり方を試すなど,音を音楽へと構成していく体験を重視すること。その際,理論に偏らないようにするとともに,必要に応じて作品を記録する方法を工夫させること。

(8) 各学年の「B鑑賞」の指導に当たっては，次のとおり取り扱うこと。
 ア　鑑賞教材は，我が国や郷土の伝統音楽を含む我が国及び諸外国の様々な音楽のうち，指導のねらいに照らして適切なものを取り扱うこと。
 イ　第1学年では言葉で説明したり，第2学年及び第3学年では批評したりする活動を取り入れ，曲や演奏に対する評価やその根拠を明らかにできるよう指導を工夫すること。
(9) 各学年の〔共通事項〕に示す「音楽を形づくっている要素」については，指導のねらいに応じて，音色，リズム，速度，旋律，テクスチュア，強弱，形式，構成などから，適切に選択したり関連付けたりして指導すること。
(10) 各学年の〔共通事項〕の(1)のイに示す「用語や記号など」については，小学校学習指導要領第2章第6節音楽の第3の2の(9)に示すものに加え，生徒の学習状況を考慮して，次に示すものを音楽における働きと関わらせて理解し，活用できるよう取り扱うこと。

拍　　拍子　　間　　序破急　　フレーズ　　音階　　調　　和音

動機　　Andante　　Moderato　　Allegro　　rit.　　a tempo

accel.　　legato　　*pp*　　*ff*　　dim.　　D.C.　　D.S.

（フェルマータ）　（テヌート）　（三連符）　（二分休符）　（全休符）　（十六分休符）

教科の目標，各学年の目標及び内容の系統表（中学校音楽科）

教科の目標，各学年の目標及び内容

第1 目標

表現及び鑑賞の幅広い活動を通して，音楽的な見方・考え方を働かせ，生活や社会の中の音や音楽，音楽文化と豊かに関

「知識及び技能」
(1) 曲想と音楽の構造や背景などとの関わり及び音楽の多様性について理解するとともに，創意工夫を生かした音楽表現

「思考力，判断力，表現力等」
(2) 音楽表現を創意工夫することや，音楽のよさや美しさを味わって聴くことができるようにする。

「学びに向かう力，人間性等」
(3) 音楽活動の楽しさを体験することを通して，音楽を愛好する心情を育むとともに，音楽に対する感性を豊かにし，音

第2 各学年の目標及び内容

〔第1学年〕

1 目標

「知識及び技能」
(1) 曲想と音楽の構造などとの関わり及び音楽の多様性について理解するとともに，創意工夫を生かした音楽表現をするために必要な歌唱，器楽，創作の技能を身に付けるようにする。

「思考力，判断力，表現力等」
(2) 音楽表現を創意工夫することや，音楽を自分なりに評価しながらよさや美しさを味わって聴くことができるようにする。

「学びに向かう力，人間性等」
(3) 主体的・協働的に表現及び鑑賞の学習に取り組み，音楽活動の楽しさを体験することを通して，音楽文化に親しむとともに，音楽によって生活を明るく豊かなものにしていく態度を養う。

2 内容

A 表現

(1) 歌唱の活動を通して，次の事項を身に付けることができるよう指導する。

「思考力，判断力，表現力等」
ア 歌唱表現に関わる知識や技能を得たり生かしたりしながら，歌唱表現を創意工夫すること。

「知識」
イ 次の(ア)及び(イ)について理解すること。
 (ア) 曲想と音楽の構造や歌詞の内容との関わり
 (イ) 声の音色や響き及び言葉の特性と曲種に応じた発声との関わり

「技能」
ウ 次の(ア)及び(イ)の技能を身に付けること。
 (ア) 創意工夫を生かした表現で歌うために必要な発声，言葉の発音，身体の使い方などの技能
 (イ) 創意工夫を生かし，全体の響きや各声部の声などを聴きながら他者と合わせて歌う技能

(2) 器楽の活動を通して，次の事項を身に付けることができるよう指導する。

「思考力，判断力，表現力等」
ア 器楽表現に関わる知識や技能を得たり生かしたりしながら，器楽表現を創意工夫すること。

「知識」
イ 次の(ア)及び(イ)について理解すること。
 (ア) 曲想と音楽の構造との関わり
 (イ) 楽器の音色や響きと奏法との関わり

「技能」
ウ 次の(ア)及び(イ)の技能を身に付けること。
 (ア) 創意工夫を生かした表現で演奏するために必要な奏法，身体の使い方などの技能
 (イ) 創意工夫を生かし，全体の響きや各声部の音などを聴きながら他者と合わせて演奏する技能

(3) 創作の活動を通して，次の事項を身に付けることができるよう指導する。

「思考力，判断力，表現力等」
ア 創作表現に関わる知識や技能を得たり生かしたりしながら，創作表現を創意工夫すること。

「知識」
イ 次の(ア)及び(イ)について，表したいイメージと関わらせて理解すること。
 (ア) 音のつながり方の特徴
 (イ) 音素材の特徴及び音の重なり方や反復，変化，対照などの構成上の特徴

「技能」
ウ 創意工夫を生かした表現で旋律や音楽をつくるために必要な，課題や条件に沿った音の選択や組合せなどの技能を身に付けること。

B 鑑賞

(1) 鑑賞の活動を通して，次の事項を身に付けることができるよう指導する。

「思考力，判断力，表現力等」
ア 鑑賞に関わる知識を得たり生かしたりしながら，次の(ア)から(ウ)までについて自分なりに考え，音楽のよさや美しさを味わって聴くこと。
 (ア) 曲や演奏に対する評価とその根拠
 (イ) 生活や社会における音楽の意味や役割
 (ウ) 音楽表現の共通性や固有性

「知識」
イ 次の(ア)から(ウ)までについて理解すること。
 (ア) 曲想と音楽の構造との関わり
 (イ) 音楽の特徴とその背景となる文化や歴史，他の芸術との関わり
 (ウ) 我が国や郷土の伝統音楽及びアジア地域の諸民族の音楽の特徴と，その特徴から生まれる音楽の多様性

〔共通事項〕

(1) 「A表現」及び「B鑑賞」の指導を通して，次の事項を身に付けることができるよう指導する。

「思考力，判断力，表現力等」
ア 音楽を形づくっている要素や要素同士の関連を知覚し，それらの働きが生み出す特質や雰囲気を感受しながら，知覚したことと感受したこととの関わりについて考えること。

「知識」
イ 音楽を形づくっている要素及びそれらに関わる用語や記号などについて，音楽における働きと関わらせて理解すること。

付録4

140

わる資質・能力を次のとおり育成することを目指す。

をするために必要な技能を身に付けるようにする。

楽に親しんでいく態度を養い，豊かな情操を培う。

〔第2学年及び第3学年〕

(1) 曲想と音楽の構造や背景などとの関わり及び音楽の多様性について理解するとともに，創意工夫を生かした音楽表現をするために必要な歌唱，器楽，創作の技能を身に付けるようにする。

(2) 曲にふさわしい音楽表現を創意工夫することや，音楽を評価しながらよさや美しさを味わって聴くことができるようにする。

(3) 主体的・協働的に表現及び鑑賞の学習に取り組み，音楽活動の楽しさを体験することを通して，音楽文化に親しむとともに，音楽によって生活を明るく豊かなものにし，音楽に親しんでいく態度を養う。

(1) 歌唱の活動を通して，次の事項を身に付けることができるよう指導する。

ア 歌唱表現に関わる知識や技能を得たり生かしたりしながら，曲にふさわしい歌唱表現を創意工夫すること。

イ 次の(ア)及び(イ)について理解すること。
　(ア) 曲想と音楽の構造や歌詞の内容及び曲の背景との関わり
　(イ) 声の音色や響き及び言葉の特性と曲種に応じた発声との関わり

ウ 次の(ア)及び(イ)の技能を身に付けること。
　(ア) 創意工夫を生かした表現で歌うために必要な発声，言葉の発音，身体の使い方などの技能
　(イ) 創意工夫を生かし，全体の響きや各声部の声などを聴きながら他者と合わせて歌う技能

(2) 器楽の活動を通して，次の事項を身に付けることができるよう指導する。

ア 器楽表現に関わる知識や技能を得たり生かしたりしながら，曲にふさわしい器楽表現を創意工夫すること。

イ 次の(ア)及び(イ)について理解すること。
　(ア) 曲想と音楽の構造や曲の背景との関わり
　(イ) 楽器の音色や響きと奏法との関わり

ウ 次の(ア)及び(イ)の技能を身に付けること。
　(ア) 創意工夫を生かした表現で演奏するために必要な奏法，身体の使い方などの技能
　(イ) 創意工夫を生かし，全体の響きや各声部の音などを聴きながら他者と合わせて演奏する技能

(3) 創作の活動を通して，次の事項を身に付けることができるよう指導する。

ア 創作表現に関わる知識や技能を得たり生かしたりしながら，まとまりのある創作表現を創意工夫すること。

イ 次の(ア)及び(イ)について，表したいイメージと関わらせて理解すること。
　(ア) 音階や言葉などの特徴及び音のつながり方の特徴
　(イ) 音素材の特徴及び音の重なり方や反復，変化，対照などの構成上の特徴

ウ 創意工夫を生かした表現で旋律や音楽をつくるために必要な，課題や条件に沿った音の選択や組合せなどの技能を身に付けること。

(1) 鑑賞の活動を通して，次の事項を身に付けることができるよう指導する。

ア 鑑賞に関わる知識を得たり生かしたりしながら，次の(ア)から(ウ)までについて考え，音楽のよさや美しさを味わって聴くこと。
　(ア) 曲や演奏に対する評価とその根拠
　(イ) 生活や社会における音楽の意味や役割
　(ウ) 音楽表現の共通性や固有性

イ 次の(ア)から(ウ)までについて理解すること。
　(ア) 曲想と音楽の構造との関わり
　(イ) 音楽の特徴とその背景となる文化や歴史，他の芸術との関わり
　(ウ) 我が国や郷土の伝統音楽及び諸外国の様々な音楽の特徴と，その特徴から生まれる音楽の多様性

(1) 「A表現」及び「B鑑賞」の指導を通して，次の事項を身に付けることができるよう指導する。

ア 音楽を形づくっている要素や要素同士の関連を知覚し，それらの働きが生み出す特質や雰囲気を感受しながら，知覚したことと感受したこととの関わりについて考えること。

イ 音楽を形づくっている要素及びそれらに関わる用語や記号などについて，音楽における働きと関わらせて理解すること。

付録4

指導計画の作成と内容の取扱い

第3　指導計画の作成と内容の取扱い
1　指導計画の作成に当たっては，次の事項に配慮するものとする。
(1)　題材など内容や時間のまとまりを見通して，その中で育む資質・能力の育成に向けて，生徒の主体的・対話的で深い学びの実現を図るようにすること。その際，音楽的な見方・考え方を働かせ，他者と協働しながら，音楽表現を生み出したり音楽を聴いてそのよさや美しさなどを見いだしたりするなど，思考，判断し，表現する一連の過程を大切にした学習の充実を図ること。
(2)　第2の各学年の内容の「A表現」の(1)，(2)及び(3)の指導については，ア，イ及びウの各事項を，「B鑑賞」の(1)の指導については，ア及びイの各事項を適切に関連させて指導すること。
(3)　第2の各学年の内容の〔共通事項〕は，表現及び鑑賞の学習において共通に必要となる資質・能力であり，「A表現」及び「B鑑賞」の指導と併せて，十分な指導が行われるよう工夫すること。
(4)　第2の各学年の内容の「A表現」の(1)，(2)及び(3)並びに「B鑑賞」の(1)の指導については，それぞれ特定の活動のみに偏らないようにするとともに，必要に応じて，〔共通事項〕を要として各領域や分野の関連を図るようにすること。
(5)　障害のある生徒などについては，学習活動を行う場合に生じる困難さに応じた指導内容や指導方法の工夫を計画的，組織的に行うこと。
(6)　第1章総則の第1の2の(2)に示す道徳教育の目標に基づき，道徳科などとの関連を考慮しながら，第3章特別の教科道徳の第2に示す内容について，音楽科の特質に応じて適切な指導をすること。
2　第2の内容の取扱いについては，次の事項に配慮するものとする。
(1)　各学年の「A表現」及び「B鑑賞」の指導に当たっては，次のとおり取り扱うこと。
ア　音楽活動を通して，それぞれの教材等に応じ，音や音楽が生活に果たす役割を考えさせるなどして，生徒が音や音楽と生活や社会との関わりを実感できるよう指導を工夫すること。なお，適宜，自然音や環境音などについても取り扱い，音環境への関心を高めることができるよう指導を工夫すること。
イ　音楽によって喚起された自己のイメージや感情，音楽表現に対する思いや意図，音楽に対する評価などを伝え合い共感するなど，音や音楽及び言葉によるコミュニケーションを図り，音楽科の特質に応じた言語活動を適切に位置付けられるよう指導を工夫すること。
ウ　知覚したことと感受したこととの関わりを基に音楽の特徴を捉えたり，思考，判断の過程や結果を表したり，それらについて他者と共有，共感したりする際には，適宜，体を動かす活動も取り入れるようにすること。
エ　生徒が様々な感覚を関連付けて音楽への理解を深めたり，主体的に学習に取り組んだりすることができるようにするため，コンピュータや教育機器を効果的に活用できるよう指導を工夫すること。
オ　生徒が学校内及び公共施設などの学校外における音楽活動とのつながりを意識できるようにするなど，生徒や学校，地域の実態に応じ，生活や社会の中の音や音楽，音楽文化と主体的に関わっていくことができるよう配慮すること。
カ　自己や他者の著作物及びそれらの著作者の創造性を尊重する態度の形成を図るとともに，必要に応じて，音楽に関する知的財産権について触れるようにすること。また，こうした態度の形成が，音楽文化の継承，発展，創造を支えていることへの理解につながるよう配慮すること。
(2)　各学年の「A表現」の(1)の歌唱の指導に当たっては，次のとおり取り扱うこと。
ア　歌唱教材は，次に示すものを取り扱うこと。
(ｱ)　我が国及び諸外国の様々な音楽のうち，指導のねらいに照らして適切で，生徒にとって親しみがもてたり意欲が高められたり，生活や社会において音楽が果たしている役割が感じ取れたりできるもの。
(ｲ)　民謡，長唄などの我が国の伝統的な歌唱のうち，生徒や学校，地域の実態を考慮して，伝統的な声や歌い方の特徴を感じ取れるもの。なお，これらを取り扱う際は，その表現活動を通して，生徒が我が国や郷土の伝統音楽のよさを味わい，愛着をもつことができるよう工夫すること。
(ｳ)　我が国で長く歌われ親しまれている歌曲のうち，我が国の自然や四季の美しさを感じ取れるもの又は我が国の文化や日本語のもつ美しさを味わえるもの。なお，各学年において，以下の共通教材の中から1曲以上を含めること。 　　「赤とんぼ」　　三木露風作詞　　山田耕筰作曲 　　「荒城の月」　　土井晩翠作詞　　滝廉太郎作曲 　　「早春賦」　　　吉丸一昌作詞　　中田　章作曲 　　「夏の思い出」　江間章子作詞　　中田喜直作曲 　　「花」　　　　　武島羽衣作詞　　滝廉太郎作曲 　　「花の街」　　　江間章子作詞　　團伊玖磨作曲 　　「浜辺の歌」　　林　古渓作詞　　成田為三作曲
イ　変声期及び変声前後の声の変化について気付かせ，変声期の生徒を含む全ての生徒の心理的な面についても配慮するとともに，変声期の生徒については適切な声域と声量によって歌わせるようにすること。
ウ　相対的な音程感覚などを育てるために，適宜，移動ド唱法を用いること。

付録4

(3) 各学年の「A表現」の(2)の器楽の指導に当たっては，次のとおり取り扱うこと。
ア　器楽教材は，次に示すものを取り扱うこと。
　(ｱ)　我が国及び諸外国の様々な音楽のうち，指導のねらいに照らして適切で，生徒にとって親しみがもてたり意欲が高められたり，生活や社会において音楽が果たしている役割が感じ取れたりできるもの。
イ　生徒や学校，地域の実態などを考慮した上で，指導上の必要に応じて和楽器，弦楽器，管楽器，打楽器，鍵盤楽器，電子楽器及び世界の諸民族の楽器を適宜用いること。なお，3学年間を通じて1種類以上の和楽器を取り扱い，その表現活動を通して，生徒が我が国や郷土の伝統音楽のよさを味わい，愛着をもつことができるよう工夫すること。

(4) 歌唱及び器楽の指導における合わせて歌ったり演奏したりする表現形態では，他者と共に一つの音楽表現をつくる過程を大切にするとともに，生徒一人一人が，担当する声部の役割と全体の響きについて考え，主体的に創意工夫できるよう指導を工夫すること。

(5) 読譜の指導に当たっては，小学校における学習を踏まえ，♯や♭の調号としての意味を理解させるとともに，3学年間を通じて，1♯，1♭程度をもった調号の楽譜の視唱や視奏に慣れさせるようにすること。

(6) 我が国の伝統的な歌唱や和楽器の指導に当たっては，言葉と音楽との関係，姿勢や身体の使い方についても配慮するとともに，適宜，口唱歌を用いること。

(7) 各学年の「A表現」の(3)の創作の指導に当たっては，即興的に音を出しながら音のつながり方を試すなど，音を音楽へと構成していく体験を重視すること。その際，理論に偏らないようにするとともに，必要に応じて作品を記録する方法を工夫させること。

(8) 各学年の「B鑑賞」の指導に当たっては，次のとおり取り扱うこと。
ア　鑑賞教材は，我が国や郷土の伝統音楽を含む我が国及び諸外国の様々な音楽のうち，指導のねらいに照らして適切なものを取り扱うこと。
イ　第1学年では言葉で説明したり，第2学年及び第3学年では批評したりする活動を取り入れ，曲や演奏に対する評価やその根拠を明らかにできるよう指導を工夫すること。

(9) 各学年の〔共通事項〕に示す「音楽を形づくっている要素」については，指導のねらいに応じて，音色，リズム，速度，旋律，テクスチュア，強弱，形式，構成などから，適切に選択したり関連付けたりして指導すること。

(10) 各学年の〔共通事項〕の(1)のイに示す「用語や記号など」については，小学校学習指導要領第2章第6節音楽の第3の2の(9)に示すものに加え，生徒の学習状況を考慮して，次に示すものを音楽における働きと関わらせて理解し，活用できるよう取り扱うこと。

拍　　拍子　　間　　序破急　　フレーズ　　音階　　調　　和音

動機　　Andante　　Moderato　　Allegro　　rit.　　a tempo

accel.　　legato　　*pp*　　*ff*　　dim.　　D.C.　　D.S.

（フェルマータ）　（テヌート）　（三連符）　（二分休符）　（全休符）　（十六分休符）

付録4

歌唱及び鑑賞共通教材一覧

〔中学校学習指導要領（音楽）で示してきた歌唱共通教材〕

（アイウエオ順）

「赤とんぼ」	三木露風作詞	山田耕筰作曲
「朝だ元気で」	八十島稔作詞	飯田信夫作曲
「かりぼし切り歌」		宮崎県民謡
「荒城の月」（合唱）	土井晩翠作詞	滝廉太郎作曲
「故郷の人々（スワニー川）」	勝　承夫作詞	フォスター作曲
「こきりこ節」		富山県民謡
「子もり歌」	内藤　濯作詞	シューベルト作曲
「こもり歌」	武内俊子作詞	ブラームス作曲
「斎太郎節」（「大漁うたい込み」から）		宮城県民謡
「さくらさくら」（合唱）		日本古謡
「サンタ　ルチア」	小松　清作詞	ナポリ民謡
「勝利をたたえる歌」	藪田義雄作詞	ヘンデル作曲
（オラトリオ「マカベウスのユダ」から）		
「砂山」	北原白秋作詞	中山晋平作曲
「早春賦」	吉丸一昌作詞	中田　章作曲
「夏の思い出」	江間章子作詞	中田喜直作曲
「眠りの精」	堀内敬三作詞	ドイツ民謡
「花」（合唱）	武島羽衣作詞	滝廉太郎作曲
「花の街」	江間章子作詞	團伊玖磨作曲
「浜辺の歌」	林　古溪作詞	成田為三作曲
「椰子の実」	島崎藤村作詞	大中寅二作曲
「喜びの歌」	岩佐東一郎作詞	ベートーヴェン作曲
「わかれ」	岡本敏明作詞	ドイツ民謡

付録5

〔中学校学習指導要領（音楽）で示してきた鑑賞共通教材※〕

（アイウエオ順）

※鑑賞共通教材は，昭和33年，昭和44年，昭和52年，平成元年告示の中学校学習指導要領（音楽）に示していたものである。平成10年告示の中学校学習指導要領（音楽）からは示していない。

「アイーダ」から　第2幕　第2場	ヴェルディ作曲
弦楽四重奏曲　ヘ長調　作品96「アメリカ」	ドボルザーク作曲
「アランフェス協奏曲」	ロドリーゴ作曲
「ある晴れた日に」（歌劇「おちょう夫人」から）	プッチーニ作曲
「アルルの女」組曲　第1番，第2番	ビゼー作曲
「今様」	日本古謡
ヴァイオリン協奏曲　ホ短調	メンデルスゾーン作曲
「江差追分」	日本民謡
「越後獅子」（長唄）	杵屋六左衛門作曲
雅楽「越天楽」	日本古曲
舞踏組曲「ガイーヌ」	ハチャトゥリャン作曲
「かりうどの合唱」（歌劇「魔弾の射手」から）	ウェーバー作曲
「管弦楽のための木挽歌」	小山清茂作曲
長唄「勧進帳」 　　（「旅の衣は…海津の浦に着きにけり」の部分）	四世　杵屋六三郎作曲
「木遣の段」（義太夫節「三十三間堂」から）	鶴沢重次郎作曲
組曲　第2番　ロ短調	J.S.バッハ作曲
交響曲　第5番　ハ短調　作品67	ベートーヴェン作曲
交響曲　第6番　ヘ長調　作品68（「田園」）	ベートーヴェン作曲
弦楽四重奏曲　ハ長調「皇帝」から　第2楽章	ハイドン作曲
長唄「小鍛冶」	杵屋勝五郎作曲
箏曲「五段砧」	光崎検校作曲

付録5

付録5

「こどもの領分」	ドビュッシー作曲
尺八曲「鹿の遠音」	作曲者不詳
三曲合奏「四季の眺め」	松浦検校原作
小フーガ ト短調	J.S.バッハ作曲
「青少年の管弦楽入門」（パーセルの主題による変奏曲とフーガ）	ブリテン作曲
「チゴイネルワイゼン」	サラサーテ作曲
交響詩「中央アジアの広原にて」	ボロディン作曲
「月の光」（「ベルガマスク組曲」から）	ドビュッシー作曲
組曲「動物の謝肉祭」	サン・サーンス作曲
「ノヴェンバー ステップス」 第1番	武満 徹作曲
交響詩「はげ山の一夜」	ムソルグスキー作曲
「春」（「和声と創意の試み」第1集「四季」から）	ヴィヴァルディ作曲
「春の海」	宮城道雄作曲
ピアノ協奏曲 イ短調 作品16	グリーグ作曲
ピアノソナタ イ長調 K.331「トルコ行進曲付き」	モーツァルト作曲
「ボレロ」	ラヴェル作曲
「魔王」	シューベルト作曲
「水の戯れ」	ラヴェル作曲
「モルダウ（ブルタバ）」（連作交響詩「我が祖国」から）	スメタナ作曲
「山道を行く」（組曲「大峡谷」から）	グローフェ作曲
箏曲「六段の調」	八橋検校作曲

小学校学習指導要領 第2章 第6節 音楽

● 第1 目標

表現及び鑑賞の活動を通して,音楽的な見方・考え方を働かせ,生活や社会の中の音や音楽と豊かに関わる資質・能力を次のとおり育成することを目指す。

(1) 曲想と音楽の構造などとの関わりについて理解するとともに,表したい音楽表現をするために必要な技能を身に付けるようにする。
(2) 音楽表現を工夫することや,音楽を味わって聴くことができるようにする。
(3) 音楽活動の楽しさを体験することを通して,音楽を愛好する心情と音楽に対する感性を育むとともに,音楽に親しむ態度を養い,豊かな情操を培う。

● 第2 各学年の目標及び内容

〔第1学年及び第2学年〕

1 目 標

(1) 曲想と音楽の構造などとの関わりについて気付くとともに,音楽表現を楽しむために必要な歌唱,器楽,音楽づくりの技能を身に付けるようにする。
(2) 音楽表現を考えて表現に対する思いをもつことや,曲や演奏の楽しさを見いだしながら音楽を味わって聴くことができるようにする。
(3) 楽しく音楽に関わり,協働して音楽活動をする楽しさを感じながら,身の回りの様々な音楽に親しむとともに,音楽経験を生かして生活を明るく潤いのあるものにしようとする態度を養う。

2 内 容

A 表 現

(1) 歌唱の活動を通して,次の事項を身に付けることができるよう指導する。
　ア 歌唱表現についての知識や技能を得たり生かしたりしながら,曲想を感じ取って表現を工夫し,どのように歌うかについて思いをもつこと。
　イ 曲想と音楽の構造との関わり,曲想と歌詞の表す情景や気持ちとの関わりについて気付くこと。
　ウ 思いに合った表現をするために必要な次の(ア)から(ウ)までの技能を身に付けること。
　　(ア) 範唱を聴いて歌ったり,階名で模唱したり暗唱したりする技能
　　(イ) 自分の歌声及び発音に気を付けて歌う技能
　　(ウ) 互いの歌声や伴奏を聴いて,声を合わせて歌う技能
(2) 器楽の活動を通して,次の事項を身に付けることができるよう指導する。
　ア 器楽表現についての知識や技能を得たり生かしたりしながら,曲想を感じ取って表現を工夫し,どのように演奏するかについて思いをもつこと。
　イ 次の(ア)及び(イ)について気付くこと。
　　(ア) 曲想と音楽の構造との関わり
　　(イ) 楽器の音色と演奏の仕方との関わり
　ウ 思いに合った表現をするために必要な次の(ア)から(ウ)までの技能を身に付けること。
　　(ア) 範奏を聴いたり,リズム譜などを見たりして演奏する技能

付録6

(イ) 音色に気を付けて，旋律楽器及び打楽器を演奏する技能
　　　(ウ) 互いの楽器の音や伴奏を聴いて，音を合わせて演奏する技能
　(3) 音楽づくりの活動を通して，次の事項を身に付けることができるよう指導する。
　　ア　音楽づくりについての知識や技能を得たり生かしたりしながら，次の(ア)及び(イ)をできるようにすること。
　　　(ア) 音遊びを通して，音楽づくりの発想を得ること。
　　　(イ) どのように音を音楽にしていくかについて思いをもつこと。
　　イ　次の(ア)及び(イ)について，それらが生み出す面白さなどと関わらせて気付くこと。
　　　(ア) 声や身の回りの様々な音の特徴
　　　(イ) 音やフレーズのつなげ方の特徴
　　ウ　発想を生かした表現や，思いに合った表現をするために必要な次の(ア)及び(イ)の技能を身に付けること。
　　　(ア) 設定した条件に基づいて，即興的に音を選んだりつなげたりして表現する技能
　　　(イ) 音楽の仕組みを用いて，簡単な音楽をつくる技能
B　鑑　賞
　(1) 鑑賞の活動を通して，次の事項を身に付けることができるよう指導する。
　　ア　鑑賞についての知識を得たり生かしたりしながら，曲や演奏の楽しさを見いだし，曲全体を味わって聴くこと。
　　イ　曲想と音楽の構造との関わりについて気付くこと。
〔共通事項〕
　(1) 「A表現」及び「B鑑賞」の指導を通して，次の事項を身に付けることができるよう指導する。
　　ア　音楽を形づくっている要素を聴き取り，それらの働きが生み出すよさや面白さ，美しさを感じ取りながら，聴き取ったことと感じ取ったこととの関わりについて考えること。
　　イ　音楽を形づくっている要素及びそれらに関わる身近な音符，休符，記号や用語について，音楽における働きと関わらせて理解すること。

3　内容の取扱い

(1) 歌唱教材は次に示すものを取り扱う。
　ア　主となる歌唱教材については，各学年ともイの共通教材を含めて，斉唱及び輪唱で歌う曲
　イ　共通教材
　〔第1学年〕
　　「うみ」　　　　　（文部省唱歌）林　柳波作詞　井上武士作曲
　　「かたつむり」　　（文部省唱歌）
　　「日のまる」　　　（文部省唱歌）高野辰之作詞　岡野貞一作曲
　　「ひらいたひらいた」（わらべうた）
　〔第2学年〕
　　「かくれんぼ」　　（文部省唱歌）林　柳波作詞　下総皖一作曲
　　「春がきた」　　　（文部省唱歌）高野辰之作詞　岡野貞一作曲
　　「虫のこえ」　　　（文部省唱歌）
　　「夕やけこやけ」　中村雨紅作詞　草川信作曲
(2) 主となる器楽教材については，既習の歌唱教材を含め，主旋律に簡単なリズム伴奏や低声部などを加えた曲を取り扱う。
(3) 鑑賞教材は次に示すものを取り扱う。

ア　我が国及び諸外国のわらべうたや遊びうた，行進曲や踊りの音楽など体を動かすことの快さを感じ取りやすい音楽，日常の生活に関連して情景を思い浮かべやすい音楽など，いろいろな種類の曲
　　イ　音楽を形づくっている要素の働きを感じ取りやすく，親しみやすい曲
　　ウ　楽器の音色や人の声の特徴を捉えやすく親しみやすい，いろいろな演奏形態による曲

〔第3学年及び第4学年〕
1　目　標
(1) 曲想と音楽の構造などとの関わりについて気付くとともに，表したい音楽表現をするために必要な歌唱，器楽，音楽づくりの技能を身に付けるようにする。
(2) 音楽表現を考えて表現に対する思いや意図をもつことや，曲や演奏のよさなどを見いだしながら音楽を味わって聴くことができるようにする。
(3) 進んで音楽に関わり，協働して音楽活動をする楽しさを感じながら，様々な音楽に親しむとともに，音楽経験を生かして生活を明るく潤いのあるものにしようとする態度を養う。

2　内　容
A　表　現
(1) 歌唱の活動を通して，次の事項を身に付けることができるよう指導する。
　　ア　歌唱表現についての知識や技能を得たり生かしたりしながら，曲の特徴を捉えた表現を工夫し，どのように歌うかについて思いや意図をもつこと。
　　イ　曲想と音楽の構造や歌詞の内容との関わりについて気付くこと。
　　ウ　思いや意図に合った表現をするために必要な次の(ア)から(ウ)までの技能を身に付けること。
　　　(ア)　範唱を聴いたり，ハ長調の楽譜を見たりして歌う技能
　　　(イ)　呼吸及び発音の仕方に気を付けて，自然で無理のない歌い方で歌う技能
　　　(ウ)　互いの歌声や副次的な旋律，伴奏を聴いて，声を合わせて歌う技能
(2) 器楽の活動を通して，次の事項を身に付けることができるよう指導する。
　　ア　器楽表現についての知識や技能を得たり生かしたりしながら，曲の特徴を捉えた表現を工夫し，どのように演奏するかについて思いや意図をもつこと。
　　イ　次の(ア)及び(イ)について気付くこと。
　　　(ア)　曲想と音楽の構造との関わり
　　　(イ)　楽器の音色や響きと演奏の仕方との関わり
　　ウ　思いや意図に合った表現をするために必要な次の(ア)から(ウ)までの技能を身に付けること。
　　　(ア)　範奏を聴いたり，ハ長調の楽譜を見たりして演奏する技能
　　　(イ)　音色や響きに気を付けて，旋律楽器及び打楽器を演奏する技能
　　　(ウ)　互いの楽器の音や副次的な旋律，伴奏を聴いて，音を合わせて演奏する技能
(3) 音楽づくりの活動を通して，次の事項を身に付けることができるよう指導する。
　　ア　音楽づくりについての知識や技能を得たり生かしたりしながら，次の(ア)及び(イ)をできるようにすること。
　　　(ア)　即興的に表現することを通して，音楽づくりの発想を得ること。
　　　(イ)　音を音楽へと構成することを通して，どのようにまとまりを意識した音楽をつくるかについて思いや意図をもつこと。
　　イ　次の(ア)及び(イ)について，それらが生み出すよさや面白さなどと関わらせて気付くこと。
　　　(ア)　いろいろな音の響きやそれらの組合せの特徴
　　　(イ)　音やフレーズのつなげ方や重ね方の特徴

付録6

ウ　発想を生かした表現や，思いや意図に合った表現をするために必要な次の(ア)及び(イ)の技能を身に付けること。
　　　(ア)　設定した条件に基づいて，即興的に音を選択したり組み合わせたりして表現する技能
　　　(イ)　音楽の仕組みを用いて，音楽をつくる技能
　B　鑑賞
　(1)　鑑賞の活動を通して，次の事項を身に付けることができるよう指導する。
　　ア　鑑賞についての知識を得たり生かしたりしながら，曲や演奏のよさなどを見いだし，曲全体を味わって聴くこと。
　　イ　曲想及びその変化と，音楽の構造との関わりについて気付くこと。
〔共通事項〕
　(1)　「A表現」及び「B鑑賞」の指導を通して，次の事項を身に付けることができるよう指導する。
　　ア　音楽を形づくっている要素を聴き取り，それらの働きが生み出すよさや面白さ，美しさを感じ取りながら，聴き取ったことと感じ取ったこととの関わりについて考えること。
　　イ　音楽を形づくっている要素及びそれらに関わる音符，休符，記号や用語について，音楽における働きと関わらせて理解すること。

3　内容の取扱い
　(1)　歌唱教材は次に示すものを取り扱う。
　　ア　主となる歌唱教材については，各学年ともイの共通教材を含めて，斉唱及び簡単な合唱で歌う曲
　　イ　共通教材
　　〔第3学年〕
　　　「うさぎ」　　　　（日本古謡）
　　　「茶つみ」　　　　（文部省唱歌）
　　　「春の小川」　　　（文部省唱歌）高野辰之作詞　岡野貞一作曲
　　　「ふじ山」　　　　（文部省唱歌）巖谷小波作詞
　　〔第4学年〕
　　　「さくらさくら」　（日本古謡）
　　　「とんび」　　　　葛原しげる作詞　梁田貞作曲
　　　「まきばの朝」　　（文部省唱歌）船橋栄吉作曲
　　　「もみじ」　　　　（文部省唱歌）高野辰之作詞　岡野貞一作曲
　(2)　主となる器楽教材については，既習の歌唱教材を含め，簡単な重奏や合奏などの曲を取り扱う。
　(3)　鑑賞教材は次に示すものを取り扱う。
　　ア　和楽器の音楽を含めた我が国の音楽，郷土の音楽，諸外国に伝わる民謡など生活との関わりを捉えやすい音楽，劇の音楽，人々に長く親しまれている音楽など，いろいろな種類の曲
　　イ　音楽を形づくっている要素の働きを感じ取りやすく，聴く楽しさを得やすい曲
　　ウ　楽器や人の声による演奏表現の違いを聴き取りやすい，独奏，重奏，独唱，重唱を含めたいろいろな演奏形態による曲

〔第5学年及び第6学年〕
1　目　標
　(1)　曲想と音楽の構造などとの関わりについて理解するとともに，表したい音楽表現をするため

に必要な歌唱，器楽，音楽づくりの技能を身に付けるようにする。
(2) 音楽表現を考えて表現に対する思いや意図をもつことや，曲や演奏のよさなどを見いだしながら音楽を味わって聴くことができるようにする。
(3) 主体的に音楽に関わり，協働して音楽活動をする楽しさを味わいながら，様々な音楽に親しむとともに，音楽経験を生かして生活を明るく潤いのあるものにしようとする態度を養う。

2 内容

A 表現

(1) 歌唱の活動を通して，次の事項を身に付けることができるよう指導する。
　ア　歌唱表現についての知識や技能を得たり生かしたりしながら，曲の特徴にふさわしい表現を工夫し，どのように歌うかについて思いや意図をもつこと。
　イ　曲想と音楽の構造や歌詞の内容との関わりについて理解すること。
　ウ　思いや意図に合った表現をするために必要な次の(ア)から(ウ)までの技能を身に付けること。
　　(ア) 範唱を聴いたり，ハ長調及びイ短調の楽譜を見たりして歌う技能
　　(イ) 呼吸及び発音の仕方に気を付けて，自然で無理のない，響きのある歌い方で歌う技能
　　(ウ) 各声部の歌声や全体の響き，伴奏を聴いて，声を合わせて歌う技能

(2) 器楽の活動を通して，次の事項を身に付けることができるよう指導する。
　ア　器楽表現についての知識や技能を得たり生かしたりしながら，曲の特徴にふさわしい表現を工夫し，どのように演奏するかについて思いや意図をもつこと。
　イ　次の(ア)及び(イ)について理解すること。
　　(ア) 曲想と音楽の構造との関わり
　　(イ) 多様な楽器の音色や響きと演奏の仕方との関わり
　ウ　思いや意図に合った表現をするために必要な次の(ア)から(ウ)までの技能を身に付けること。
　　(ア) 範奏を聴いたり，ハ長調及びイ短調の楽譜を見たりして演奏する技能
　　(イ) 音色や響きに気を付けて，旋律楽器及び打楽器を演奏する技能
　　(ウ) 各声部の楽器の音や全体の響き，伴奏を聴いて，音を合わせて演奏する技能

(3) 音楽づくりの活動を通して，次の事項を身に付けることができるよう指導する。
　ア　音楽づくりについての知識や技能を得たり生かしたりしながら，次の(ア)及び(イ)をできるようにすること。
　　(ア) 即興的に表現することを通して，音楽づくりの様々な発想を得ること。
　　(イ) 音を音楽へと構成することを通して，どのように全体のまとまりを意識した音楽をつくるかについて思いや意図をもつこと。
　イ　次の(ア)及び(イ)について，それらが生み出すよさや面白さなどと関わらせて理解すること。
　　(ア) いろいろな音の響きやそれらの組合せの特徴
　　(イ) 音やフレーズのつなげ方や重ね方の特徴
　ウ　発想を生かした表現や，思いや意図に合った表現をするために必要な次の(ア)及び(イ)の技能を身に付けること。
　　(ア) 設定した条件に基づいて，即興的に音を選択したり組み合わせたりして表現する技能
　　(イ) 音楽の仕組みを用いて，音楽をつくる技能

B 鑑賞

(1) 鑑賞の活動を通して，次の事項を身に付けることができるよう指導する。
　ア　鑑賞についての知識を得たり生かしたりしながら，曲や演奏のよさなどを見いだし，曲全体を味わって聴くこと。
　イ　曲想及びその変化と，音楽の構造との関わりについて理解すること。

付録6

〔共通事項〕
(1) 「A表現」及び「B鑑賞」の指導を通して，次の事項を身に付けることができるよう指導する。
　ア　音楽を形づくっている要素を聴き取り，それらの働きが生み出すよさや面白さ，美しさを感じ取りながら，聴き取ったことと感じ取ったこととの関わりについて考えること。
　イ　音楽を形づくっている要素及びそれらに関わる音符，休符，記号や用語について，音楽における働きと関わらせて理解すること。

3　内容の取扱い
(1) 歌唱教材は次に示すものを取り扱う。
　ア　主となる歌唱教材については，各学年ともイの共通教材の中の３曲を含めて，斉唱及び合唱で歌う曲
　イ　共通教材
　〔第５学年〕
　　「こいのぼり」（文部省唱歌）
　　「子もり歌」　（日本古謡）
　　「スキーの歌」（文部省唱歌）　林柳波作詞　橋本国彦作曲
　　「冬げしき」　（文部省唱歌）
　〔第６学年〕
　　「越天楽今様（歌詞は第２節まで）」（日本古謡）　慈鎮和尚作歌
　　「おぼろ月夜」（文部省唱歌）　高野辰之作詞　岡野貞一作曲
　　「ふるさと」　（文部省唱歌）　高野辰之作詞　岡野貞一作曲
　　「われは海の子（歌詞は第３節まで）」（文部省唱歌）
(2) 主となる器楽教材については，楽器の演奏効果を考慮し，簡単な重奏や合奏などの曲を取り扱う。
(3) 鑑賞教材は次に示すものを取り扱う。
　ア　和楽器の音楽を含めた我が国の音楽や諸外国の音楽など文化との関わりを捉えやすい音楽，人々に長く親しまれている音楽など，いろいろな種類の曲
　イ　音楽を形づくっている要素の働きを感じ取りやすく，聴く喜びを深めやすい曲
　ウ　楽器の音や人の声が重なり合う響きを味わうことができる，合奏，合唱を含めたいろいろな演奏形態による曲

● 第３　指導計画の作成と内容の取扱い

1　指導計画の作成に当たっては，次の事項に配慮するものとする。
(1) 題材など内容や時間のまとまりを見通して，その中で育む資質・能力の育成に向けて，児童の主体的・対話的で深い学びの実現を図るようにすること。その際，音楽的な見方・考え方を働かせ，他者と協働しながら，音楽表現を生み出したり音楽を聴いてそのよさなどを見いだしたりするなど，思考，判断し，表現する一連の過程を大切にした学習の充実を図ること。
(2) 第２の各学年の内容の「A表現」の(1)，(2)及び(3)の指導については，ア，イ及びウの各事項を，「B鑑賞」の(1)の指導については，ア及びイの各事項を適切に関連させて指導すること。
(3) 第２の各学年の内容の〔共通事項〕は，表現及び鑑賞の学習において共通に必要となる資質・能力であり，「A表現」及び「B鑑賞」の指導と併せて，十分な指導が行われるよう工夫すること。

(4) 第2の各学年の内容の「A表現」の(1), (2)及び(3)並びに「B鑑賞」の(1)の指導については，適宜，〔共通事項〕を要として各領域や分野の関連を図るようにすること。

(5) 国歌「君が代」は，いずれの学年においても歌えるよう指導すること。

(6) 低学年においては，第1章総則の第2の4の(1)を踏まえ，他教科等との関連を積極的に図り，指導の効果を高めるようにするとともに，幼稚園教育要領等に示す幼児期の終わりまでに育ってほしい姿との関連を考慮すること。特に，小学校入学当初においては，生活科を中心とした合科的・関連的な指導や，弾力的な時間割の設定を行うなどの工夫をすること。

(7) 障害のある児童などについては，学習活動を行う場合に生じる困難さに応じた指導内容や指導方法の工夫を計画的，組織的に行うこと。

(8) 第1章総則の第1の2の(2)に示す道徳教育の目標に基づき，道徳科などとの関連を考慮しながら，第3章特別の教科道徳の第2に示す内容について，音楽科の特質に応じて適切な指導をすること。

2 第2の内容の取扱いについては，次の事項に配慮するものとする。

(1) 各学年の「A表現」及び「B鑑賞」の指導に当たっては，次のとおり取り扱うこと。

　ア　音楽によって喚起されたイメージや感情，音楽表現に対する思いや意図，音楽を聴いて感じ取ったことや想像したことなどを伝え合い共感するなど，音や音楽及び言葉によるコミュニケーションを図り，音楽科の特質に応じた言語活動を適切に位置付けられるよう指導を工夫すること。

　イ　音楽との一体感を味わい，想像力を働かせて音楽と関わることができるよう，指導のねらいに即して体を動かす活動を取り入れること。

　ウ　児童が様々な感覚を働かせて音楽への理解を深めたり，主体的に学習に取り組んだりすることができるようにするため，コンピュータや教育機器を効果的に活用できるよう指導を工夫すること。

　エ　児童が学校内及び公共施設などの学校外における音楽活動とのつながりを意識できるようにするなど，児童や学校，地域の実態に応じ，生活や社会の中の音や音楽と主体的に関わっていくことができるよう配慮すること。

　オ　表現したり鑑賞したりする多くの曲について，それらを創作した著作者がいることに気付き，学習した曲や自分たちのつくった曲を大切にする態度を養うようにするとともに，それらの著作者の創造性を尊重する意識をもてるようにすること。また，このことが，音楽文化の継承，発展，創造を支えていることについて理解する素地となるよう配慮すること。

(2) 和音の指導に当たっては，合唱や合奏などの活動を通して和音のもつ表情を感じ取ることができるようにすること。また，長調及び短調の曲においては，Ⅰ，Ⅳ，Ⅴ及びⅤ$_7$などの和音を中心に指導すること。

(3) 我が国や郷土の音楽の指導に当たっては，そのよさなどを感じ取って表現したり鑑賞したりできるよう，音源や楽譜等の示し方，伴奏の仕方，曲に合った歌い方や楽器の演奏の仕方などの指導方法を工夫すること。

(4) 各学年の「A表現」の(1)の歌唱の指導に当たっては，次のとおり取り扱うこと。

　ア　歌唱教材については，我が国や郷土の音楽に愛着がもてるよう，共通教材のほか，長い間親しまれてきた唱歌，それぞれの地方に伝承されているわらべうたや民謡など日本のうたを含めて取り上げるようにすること。

　イ　相対的な音程感覚を育てるために，適宜，移動ド唱法を用いること。

　ウ　変声以前から自分の声の特徴に関心をもたせるとともに，変声期の児童に対して適切に配慮すること。

(5) 各学年の「A表現」の(2)の楽器については，次のとおり取り扱うこと。

ア　各学年で取り上げる打楽器は，木琴，鉄琴，和楽器，諸外国に伝わる様々な楽器を含めて，演奏の効果，児童や学校の実態を考慮して選択すること。
　　イ　第１学年及び第２学年で取り上げる旋律楽器は，オルガン，鍵盤ハーモニカなどの中から児童や学校の実態を考慮して選択すること。
　　ウ　第３学年及び第４学年で取り上げる旋律楽器は，既習の楽器を含めて，リコーダーや鍵盤楽器，和楽器などの中から児童や学校の実態を考慮して選択すること。
　　エ　第５学年及び第６学年で取り上げる旋律楽器は，既習の楽器を含めて，電子楽器，和楽器，諸外国に伝わる楽器などの中から児童や学校の実態を考慮して選択すること。
　　オ　合奏で扱う楽器については，各声部の役割を生かした演奏ができるよう，楽器の特性を生かして選択すること。
　(6)　各学年の「Ａ表現」の(3)の音楽づくりの指導に当たっては，次のとおり取り扱うこと。
　　ア　音遊びや即興的な表現では，身近なものから多様な音を探したり，リズムや旋律を模倣したりして，音楽づくりのための発想を得ることができるよう指導すること。その際，適切な条件を設定するなど，児童が無理なく音を選択したり組み合わせたりすることができるよう指導を工夫すること。
　　イ　どのような音楽を，どのようにしてつくるかなどについて，児童の実態に応じて具体的な例を示しながら指導するなど，見通しをもって音楽づくりの活動ができるよう指導を工夫すること。
　　ウ　つくった音楽については，指導のねらいに即し，必要に応じて作品を記録させること。作品を記録する方法については，図や絵によるもの，五線譜など柔軟に指導すること。
　　エ　拍のないリズム，我が国の音楽に使われている音階や調性にとらわれない音階などを児童の実態に応じて取り上げるようにすること。
　(7)　各学年の「Ｂ鑑賞」の指導に当たっては，言葉などで表す活動を取り入れ，曲想と音楽の構造との関わりについて気付いたり理解したり，曲や演奏の楽しさやよさなどを見いだしたりすることができるよう指導を工夫すること。
　(8)　各学年の〔共通事項〕に示す「音楽を形づくっている要素」については，児童の発達の段階や指導のねらいに応じて，次のア及びイから適切に選択したり関連付けたりして指導すること。
　　ア　音楽を特徴付けている要素
　　　　音色，リズム，速度，旋律，強弱，音の重なり，和音の響き，音階，調，拍，フレーズなど
　　イ　音楽の仕組み
　　　　反復，呼びかけとこたえ，変化，音楽の縦と横との関係など
　(9)　各学年の〔共通事項〕の(1)のイに示す「音符，休符，記号や用語」については，児童の学習状況を考慮して，次に示すものを音楽における働きと関わらせて理解し，活用できるよう取り扱うこと。

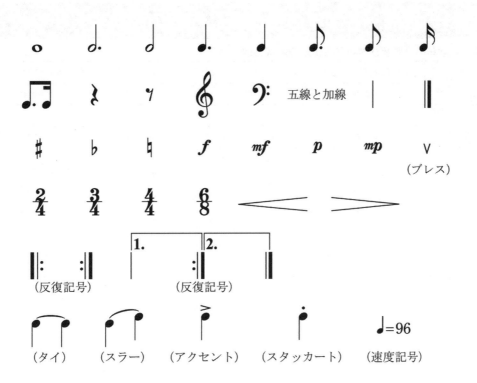

教科の目標，各学年の目標及び内容の系統表（小学校音楽科）

教科の目標，各学年の目標及び内容と各学年の内容の取扱い

				第1学年及び第2学年	〔第3
第1目標				表現及び鑑賞の活動を通して，音楽的な見方・考え方を働かせ，生活や社会の中の音や音楽と豊かに関わる資質・能力を次のとおり育成することを	
	「知識及び技能」			(1) 曲想と音楽の構造などとの関わりについて理解するとともに，表したい音楽表現をするために必要な技能を身に付けるようにする。	
	「思考力，判断力，表現力等」			(2) 音楽表現を工夫することや，音楽を味わって聴くことができるようにする。	
	「学びに向かう力，人間性等」			(3) 音楽活動の楽しさを体験することを通して，音楽を愛好する心情と音楽に対する感性を育むとともに，音楽に親しむ態度を養い，豊かな情操を	
第2 各学年の目標及び内容	1 目標	「知識及び技能」		(1) 曲想と音楽の構造などとの関わりについて気付くとともに，音楽表現を楽しむために必要な歌唱，器楽，音楽づくりの技能を身に付けるようにする。	(1) 曲想と音楽の構造などとの関わり唱，器楽，音楽づくりの技能を身に
		「思考力，判断力，表現力等」		(2) 音楽表現を考えて表現に対する思いをもつことや，曲や演奏の楽しさを見いだしながら音楽を味わって聴くことができるようにする。	(2) 音楽表現を考えて表現に対する思を味わって聴くことができるように
		「学びに向かう力，人間性等」		(3) 楽しく音楽に関わり，協働して音楽活動をする楽しさを感じながら，身の回りの様々な音楽に親しむとともに，音楽経験を生かして生活を明るく潤いのあるものにしようとする態度を養う。	(3) 進んで音楽に関わり，協働して音音楽経験を生かして生活を明るく潤
	2 内容	A 表現		(1) 歌唱の活動を通して，次の事項を身に付けることができるよう指導する。	(1) 歌唱の活動を通して，次の事項を
			「思考力，判断力，表現力等」	ア 歌唱表現についての知識や技能を得たり生かしたりしながら，曲想を感じ取って表現を工夫し，どのように歌うかについて思いをもつこと。	ア 歌唱表現についての知識や技能をように歌うかについて思いや意図を
			「知識」	イ 曲想と音楽の構造との関わり，曲想と歌詞の表す情景や気持ちとの関わりについて気付くこと。	イ 曲想と音楽の構造や歌詞の内容と
			「技能」	ウ 思いに合った表現をするために必要な次の(ア)から(ウ)までの技能を身に付けること。 (ア) 範唱を聴いて歌ったり，階名で模唱したり暗唱したりする技能 (イ) 自分の歌声及び発音に気を付けて歌う技能 (ウ) 互いの歌声や伴奏を聴いて，声を合わせて歌う技能	ウ 思いや意図に合った表現をする (ア) 範唱を聴いたり，ハ長調の楽譜 (イ) 呼吸及び発音の仕方に気を付け (ウ) 互いの歌声や副次的な旋律，伴
				(2) 器楽の活動を通して，次の事項を身に付けることができるよう指導する。	(2) 器楽の活動を通して，次の事項を
			「思考力，判断力，表現力等」	ア 器楽表現についての知識や技能を得たり生かしたりしながら，曲想を感じ取って表現を工夫し，どのように演奏するかについて思いをもつこと。	ア 器楽表現についての知識や技能をように演奏するかについて思いや意
			「知識」	イ 次の(ア)及び(イ)について気付くこと。 (ア) 曲想と音楽の構造との関わり (イ) 楽器の音色と演奏の仕方との関わり	イ 次の(ア)及び(イ)について気付くこ (ア) 曲想と音楽の構造との関わり (イ) 楽器の音色や響きと演奏の仕方
			「技能」	ウ 思いに合った表現をするために必要な次の(ア)から(ウ)までの技能を身に付けること。 (ア) 範奏を聴いたり，リズム譜などを見たりして演奏する技能 (イ) 音色に気を付けて，旋律楽器及び打楽器を演奏する技能 (ウ) 互いの楽器の音や伴奏を聴いて，音を合わせて演奏する技能	ウ 思いや意図に合った表現をする (ア) 範奏を聴いたり，ハ長調の楽譜 (イ) 音色や響きに気を付けて，旋律 (ウ) 互いの楽器の音や副次的な旋
				(3) 音楽づくりの活動を通して，次の事項を身に付けることができるよう指導する。	(3) 音楽づくりの活動を通して，次の
			「思考力，判断力，表現力等」	ア 音楽づくりについての知識や技能を得たり生かしたりしながら，次の(ア)及び(イ)をできるようにすること。 (ア) 音遊びを通して，音楽づくりの発想を得ること。 (イ) どのように音を音楽にしていくかについて思いをもつこと。	ア 音楽づくりについての知識や技 (ア) 即興的に表現することを通し (イ) 音を音楽へと構成することを通や意図をもつこと。
			「知識」	イ 次の(ア)及び(イ)について，それらが生み出す面白さなどと関わらせて気付くこと。 (ア) 声や身の回りの様々な音の特徴 (イ) 音やフレーズのつなげ方の特徴	イ 次の(ア)及び(イ)について，それらが (ア) いろいろな音の響きやそれらの (イ) 音やフレーズのつなげ方や重ね
			「技能」	ウ 発想を生かした表現や，思いに合った表現をするために必要な次の(ア)及び(イ)の技能を身に付けること。 (ア) 設定した条件に基づいて，即興的に音を選んだりつなげたりして表現する技能 (イ) 音楽の仕組みを用いて，簡単な音楽をつくる技能	ウ 発想を生かした表現や，思いや意図 (ア) 設定した条件に基づいて，即 (イ) 音楽の仕組みを用いて，音楽
		B 鑑賞		(1) 鑑賞の活動を通して，次の事項を身に付けることができるよう指導する。	(1) 鑑賞の活動を通して，次の事項を
			「思考力，判断力，表現力等」	ア 鑑賞についての知識を得たり生かしたりしながら，曲や演奏の楽しさを見いだし，曲全体を味わって聴くこと。	ア 鑑賞についての知識を得たり生て聴くこと。
			「知識」	イ 曲想と音楽の構造との関わりについて気付くこと。	イ 曲想及びその変化と，音楽の構造
		〔共通事項〕		(1) 「A表現」及び「B鑑賞」の指導を通して，次の事項を身に付けることができるよう指導する。	(1) 「A表現」及び「B鑑賞」の指導
			「思考力，判断力，表現力等」	ア 音楽を形づくっている要素を聴き取り，それらの働きが生み出すよさや面白さ，美しさを感じ取りながら，聴き取ったことと感じ取ったこととの関わりについて考えること。	ア 音楽を形づくっている要素を聴きがら，聴き取ったことと感じ取った
			「知識」	イ 音楽を形づくっている要素及びそれらに関わる身近な音符，休符，記号や用語について，音楽における働きと関わらせて理解すること。	イ 音楽を形づくっている要素及びと関わらせて理解すること。
	3 内容の取扱い			(1) 歌唱教材は次に示すものを取り扱う。	(1) 歌唱教材は次に示すものを取り扱
				ア 主となる歌唱教材については，各学年ともイの共通教材を含めて，斉唱及び輪唱で歌う曲	ア 主となる歌唱教材については，各
				イ 共通教材 〔第1学年〕 「うみ」（文部省唱歌）林柳波作詞 井上武士作曲 「かたつむり」（文部省唱歌） 「日のまる」（文部省唱歌）高野辰之作詞 岡野貞一作曲 「ひらいたひらいた」（わらべうた）　〔第2学年〕 「かくれんぼ」（文部省唱歌）林柳波作詞 下総皖一作曲 「春がきた」（文部省唱歌）高野辰之作詞 岡野貞一作曲 「虫のこえ」（文部省唱歌） 「夕やけこやけ」中村雨紅作詞 草川信作曲	イ 共通教材 〔第3学年〕 「うさぎ」（日本古謡） 「茶つみ」（文部省唱歌） 「春の小川」（文部省唱歌）高野辰之作詞 岡野貞一作曲 「ふじ山」（文部省唱歌）巌谷小波作詞
				(2) 主となる器楽教材については，既習の歌唱教材を含め，主旋律に簡単なリズム伴奏や低声部などを加えた曲を取り扱う。	(2) 主となる器楽教材については，既
				(3) 鑑賞教材は次に示すものを取り扱う。	(3) 鑑賞教材は次に示すものを取り扱
				ア 我が国及び諸外国のわらべうたや遊びうた，行進曲や踊りの音楽など体を動かすことの快さを感じ取りやすい音楽，日常の生活に関連して情景を思い浮かべやすい音楽など，いろいろな種類の曲	ア 和楽器の音楽を含めた我が国の音すい音楽，劇の音楽，人々に長く親
				イ 音楽を形づくっている要素の働きを感じ取りやすく，親しみやすい曲	イ 音楽を形づくっている要素の働き
				ウ 楽器の音色や人の声の特徴を捉えやすく親しみやすい，いろいろな演奏形態による曲	ウ 楽器や人の声による演奏表現の違演奏形態による曲

付録7

〔第3学年及び第4学年〕	〔第5学年及び第6学年〕
目指す。	
培う。	
…について気付くとともに，表したい音楽表現をするために必要な歌唱，器楽，音楽づくりの技能を身に付けるようにする。	(1) 曲想と音楽の構造などとの関わりについて理解するとともに，表したい音楽表現をするために必要な歌唱，器楽，音楽づくりの技能を身に付けるようにする。
…思いや意図をもつことや，曲や演奏のよさなどを見いだしながら音楽…する。	(2) 音楽表現を考えて表現に対する思いや意図をもつことや，曲や演奏のよさなどを見いだしながら音楽を味わって聴くことができるようにする。
…音楽活動をする楽しさを感じながら，様々な音楽に親しむとともに，…いのあるものにしようとする態度を養う。	(3) 主体的に音楽に関わり，協働して音楽活動をする楽しさを味わいながら，様々な音楽に親しむとともに，音楽経験を生かして生活を明るく潤いのあるものにしようとする態度を養う。
…身に付けることができるよう指導する。	(1) 歌唱の活動を通して，次の事項を身に付けることができるよう指導する。
…得たり生かしたりしながら，曲の特徴を捉えた表現を工夫し，どの…もつこと。	ア 歌唱表現についての知識や技能を得たり生かしたりしながら，曲の特徴にふさわしい表現を工夫し，どのように歌うかについて思いや意図をもつこと。
…の関わりについて気付くこと。	イ 曲想と音楽の構造や歌詞の内容との関わりについて理解すること。
…めに必要な次の(ア)から(ウ)までの技能を身に付けること。 …を見たりして歌う技能 …て，自然で無理のない歌い方で歌う技能 …奏を聴いて，声を合わせて歌う技能	ウ 思いや意図に合った表現をするために必要な次の(ア)から(ウ)までの技能を身に付けること。 (ア) 範唱を聴いたり，ハ長調及びイ短調の楽譜を見たりして歌う技能 (イ) 呼吸及び発音の仕方に気を付けて，自然で無理のない，響きのある歌い方で歌う技能 (ウ) 各声部の歌声や全体の響き，伴奏を聴いて，声を合わせて歌う技能
…身に付けることができるよう指導する。	(2) 器楽の活動を通して，次の事項を身に付けることができるよう指導する。
…得たり生かしたりしながら，曲の特徴を捉えた表現を工夫し，どの…図をもつこと。	ア 器楽表現についての知識や技能を得たり生かしたりしながら，曲の特徴にふさわしい表現を工夫し，どのように演奏するかについて思いや意図をもつこと。
…と。 …との関わり	イ 次の(ア)及び(イ)について理解すること。 (ア) 曲想と音楽の構造との関わり (イ) 多様な楽器の音色や響きと演奏の仕方との関わり
…めに必要な次の(ア)から(ウ)までの技能を身に付けること。 …を見たりして演奏する技能 …楽器及び打楽器を演奏する技能 …律，伴奏を聴いて，音を合わせて演奏する技能	ウ 思いや意図に合った表現をするために必要な次の(ア)から(ウ)までの技能を身に付けること。 (ア) 範奏を聴いたり，ハ長調及びイ短調の楽譜を見たりして演奏する技能 (イ) 音色や響きに気を付けて，旋律楽器及び打楽器を演奏する技能 (ウ) 各声部の楽器の音や全体の響き，伴奏を聴いて，音を合わせて演奏する技能
…事項を身に付けることができるよう指導する。	(3) 音楽づくりの活動を通して，次の事項を身に付けることができるよう指導する。
…を得たり生かしたりしながら，次の(ア)及び(イ)をできるようにすること。 …て，音楽づくりの発想を得ること。 …して，どのようにまとまりを意識した音楽をつくるかについて思い…	ア 音楽づくりについての知識や技能を得たり生かしたりしながら，次の(ア)及び(イ)をできるようにすること。 (ア) 即興的に表現することを通して，音楽づくりの様々な発想を得ること。 (イ) 音を音楽へと構成することを通して，どのように全体のまとまりを意識した音楽をつくるかについて思いや意図をもつこと。
…生み出すよさや面白さなどと関わらせて気付くこと。 …組合せの特徴 …方の特徴	イ 次の(ア)及び(イ)について，それらが生み出すよさや面白さなどと関わらせて理解すること。 (ア) いろいろな音の響きやそれらの組合せの特徴 (イ) 音やフレーズのつなげ方や重ね方の特徴
…に合った表現をするために必要な次の(ア)及び(イ)の技能を身に付けること。 …的に音を選択したり組み合わせたりして表現する技能 …つくる技能	ウ 発想を生かした表現や，思いや意図に合った表現をするために必要な次の(ア)及び(イ)の技能を身に付けること。 (ア) 設定した条件に基づいて，即興的に音を選択したり組み合わせたりして表現する技能 (イ) 音楽の仕組みを用いて，音楽をつくる技能
…身に付けることができるよう指導する。	(1) 鑑賞の活動を通して，次の事項を身に付けることができるよう指導する。
…したりしながら，曲や演奏のよさなどを見いだし，曲全体を味わっ…	ア 鑑賞についての知識を得たり生かしたりしながら，曲や演奏のよさなどを見いだし，曲全体を味わって聴くこと。
…との関わりについて気付くこと。	イ 曲想及びその変化と，音楽の構造との関わりについて理解すること。
…を通して，次の事項を身に付けることができるよう指導する。	(1) 「A表現」及び「B鑑賞」の指導を通して，次の事項を身に付けることができるよう指導する。
…取り，それらの働きが生み出すよさや面白さ，美しさを感じ取りな…こととの関わりについて考えること。	ア 音楽を形づくっている要素を聴き取り，それらの働きが生み出すよさや面白さ，美しさを感じ取りながら，聴き取ったことと感じ取ったこととの関わりについて考えること。
…れらに関わる音符，休符，記号や用語について，音楽における働き…	イ 音楽を形づくっている要素及びそれらに関わる音符，休符，記号や用語について，音楽における働きと関わらせて理解すること。
…う。	(1) 歌唱教材は次に示すものを取り扱う。
…学年ともイの共通教材を含めて，斉唱及び簡単な合唱で歌う曲	ア 主となる歌唱教材については，各学年ともイの共通教材の中の3曲を含めて，斉唱及び合唱で歌う曲
	イ 共通教材
〔第4学年〕 「さくらさくら」（日本古謡） 「とんび」 葛原しげる作詞 梁田貞作曲 「まきばの朝」（文部省唱歌）船橋栄吉作曲 「もみじ」（文部省唱歌）高野辰之作詞 岡野貞一作曲	〔第5学年〕 「こいのぼり」（文部省唱歌） 「子もり歌」（日本古謡） 「スキーの歌」（文部省唱歌） 林柳波作詞 橋本国彦作曲 「冬げしき」（文部省唱歌） 〔第6学年〕 「越天楽今様（歌詞は第2節まで）」（日本古謡）慈鎮和尚作歌 「おぼろ月夜」（文部省唱歌）高野辰之作詞 岡野貞一作曲 「ふるさと」（文部省唱歌）高野辰之作詞 岡野貞一作曲 「われは海の子（歌詞は第3節まで）」（文部省唱歌）
…習の歌唱教材を含め，簡単な重奏や合奏などの曲を取り扱う。	(2) 主となる器楽教材については，楽器の演奏効果を考慮し，簡単な重奏や合奏などの曲を取り扱う。
…う。	(3) 鑑賞教材は次に示すものを取り扱う。
…楽，郷土の音楽，諸外国に伝わる民謡など生活との関わりを捉えや…しまれている音楽など，いろいろな種類の曲	ア 和楽器の音楽を含めた我が国の音楽や諸外国の音楽など文化の関わりを捉えやすい音楽，人々に長く親しまれている音楽など，いろいろな種類の曲
…を感じ取りやすく，聴く楽しさを得やすい曲	イ 音楽を形づくっている要素の働きを感じ取りやすく，聴く喜びを深めやすい曲
…いを聴き取りやすい，独奏，重奏，独唱，重唱を含めたいろいろな…	ウ 楽器の音や人の声が重なり合う響きを味わうことができる，合奏，合唱を含めたいろいろな演奏形態による曲

付録7

指導計画の作成と内容の取扱い

第3　指導計画の作成と内容の取扱い
1　指導計画の作成に当たっては，次の事項に配慮するものとする。
(1)　題材など内容や時間のまとまりを見通して，その中で育む資質・能力の育成に向けて，児童の主体的・対話的で深い学びの実現を図るようにすること。その際，音楽的な見方・考え方を働かせ，他者と協働しながら，音楽表現を生み出したり音楽を聴いてそのよさなどを見いだしたりするなど，思考，判断し，表現する一連の過程を大切にした学習の充実を図ること。
(2)　第2の各学年の内容の「A表現」の(1)，(2)及び(3)の指導については，ア，イ及びウの各事項を，「B鑑賞」の(1)の指導については，ア及びイの各事項を適切に関連させて指導すること。
(3)　第2の各学年の内容の〔共通事項〕は，表現及び鑑賞の学習において共通に必要となる資質・能力であり，「A表現」及び「B鑑賞」の指導と併せて，十分な指導が行われるよう工夫すること。
(4)　第2の各学年の内容の「A表現」の(1)，(2)及び(3)並びに「B鑑賞」の(1)の指導については，適宜，〔共通事項〕を要として各領域や分野の関連を図るようにすること。
(5)　国歌「君が代」は，いずれの学年においても歌えるよう指導すること。
(6)　低学年においては，第1章総則の第2の4の(1)を踏まえ，他教科等との関連を積極的に図り，指導の効果を高めるようにするとともに，幼稚園教育要領等に示す幼児期の終わりまでに育ってほしい姿との関連を考慮すること。特に，小学校入学当初においては，生活科を中心とした合科的・関連的な指導や，弾力的な時間割の設定を行うなどの工夫をすること。
(7)　障害のある児童などについては，学習活動を行う場合に生じる困難さに応じた指導内容や指導方法の工夫を計画的，組織的に行うこと。
(8)　第1章総則の第1の2の(2)に示す道徳教育の目標に基づき，道徳科などとの関連を考慮しながら，第3章特別の教科道徳の第2に示す内容について，音楽科の特質に応じて適切な指導をすること。
2　第2の内容の取扱いについては，次の事項に配慮するものとする。
(1)　各学年の「A表現」及び「B鑑賞」の指導に当たっては，次のとおり取り扱うこと。
ア　音楽によって喚起されたイメージや感情，音楽表現に対する思いや意図，音楽を聴いて感じ取ったことや想像したことなどを伝え合い共感するなど，音や音楽及び言葉によるコミュニケーションを図り，音楽科の特質に応じた言語活動を適切に位置付けられるよう指導を工夫すること。
イ　音楽との一体感を味わい，想像力を働かせて音楽と関わることができるよう，指導のねらいに即して体を動かす活動を取り入れること。
ウ　児童が様々な感覚を働かせて音楽への理解を深めたり，主体的に学習に取り組んだりすることができるようにするため，コンピュータや教育機器を効果的に活用できるよう指導を工夫すること。
エ　児童が学校内及び公共施設などの学校外における音楽活動とのつながりを意識できるようにするなど，児童や学校，地域の実態に応じ，生活や社会の中の音や音楽と主体的に関わっていくことができるよう配慮すること。
オ　表現したり鑑賞したりする多くの曲について，それらを創作した著作者がいることに気付き，学習した曲や自分たちのつくった曲を大切にする態度を養うようにするとともに，それらの著作者の創造性を尊重する意識をもてるようにすること。また，このことが，音楽文化の継承，発展，創造を支えていることについて理解する素地となるよう配慮すること。
(2)　和音の指導に当たっては，合唱や合奏などの活動を通して和音のもつ表情を感じ取ることができるようにすること。また，長調及び短調の曲においては，Ⅰ，Ⅳ，Ⅴ及びV_7などの和音を中心に指導すること。
(3)　我が国や郷土の音楽の指導に当たっては，そのよさなどを感じ取って表現したり鑑賞したりできるよう，音源や楽譜等の示し方，伴奏の仕方，曲に合った歌い方や楽器の演奏の仕方などの指導方法を工夫すること。
(4)　各学年の「A表現」の(1)の歌唱の指導に当たっては，次のとおり取り扱うこと。
ア　歌唱教材については，我が国や郷土の音楽に愛着がもてるよう，共通教材のほか，長い間親しまれてきた唱歌，それぞれの地方に伝承されているわらべうたや民謡など日本のうたを含めて取り上げるようにすること。
イ　相対的な音程感覚を育てるために，適宜，移動ド唱法を用いること。
ウ　変声以前から自分の声の特徴に関心をもたせるとともに，変声期の児童に対して適切に配慮すること。

⑸ 各学年の「A表現」の⑵の楽器については,次のとおり取り扱うこと。

ア 各学年で取り上げる打楽器は,木琴,鉄琴,和楽器,諸外国に伝わる様々な楽器を含めて,演奏の効果,児童や学校の実態を考慮して選択すること。

イ 第1学年及び第2学年で取り上げる旋律楽器は,オルガン,鍵盤ハーモニカなどの中から児童や学校の実態を考慮して選択すること。

ウ 第3学年及び第4学年で取り上げる旋律楽器は,既習の楽器を含めて,リコーダーや鍵盤楽器,和楽器などの中から児童や学校の実態を考慮して選択すること。

エ 第5学年及び第6学年で取り上げる旋律楽器は,既習の楽器を含めて,電子楽器,和楽器,諸外国に伝わる楽器などの中から児童や学校の実態を考慮して選択すること。

オ 合奏で扱う楽器については,各声部の役割を生かした演奏ができるよう,楽器の特性を生かして選択すること。

⑹ 各学年の「A表現」の⑶の音楽づくりの指導に当たっては,次のとおり取り扱うこと。

ア 音遊びや即興的な表現では,身近なものから多様な音を探したり,リズムや旋律を模倣したりして,音楽づくりのための発想を得ることができるよう指導すること。その際,適切な条件を設定するなど,児童が無理なく音を選択したり組み合わせたりすることができるよう指導を工夫すること。

イ どのような音楽を,どのようにしてつくるかなどについて,児童の実態に応じて具体的な例を示しながら指導するなど,見通しをもって音楽づくりの活動ができるよう指導を工夫すること。

ウ つくった音楽については,指導のねらいに即し,必要に応じて作品を記録させること。作品を記録する方法については,図や絵によるもの,五線譜など柔軟に指導すること。

エ 拍のないリズム,我が国の音楽に使われている音階や調性にとらわれない音階などを児童の実態に応じて取り上げるようにすること。

⑺ 各学年の「B鑑賞」の指導に当たっては,言葉などで表す活動を取り入れ,曲想と音楽の構造との関わりについて気付いたり理解したり,曲や演奏の楽しさやよさなどを見いだしたりすることができるよう指導を工夫すること。

⑻ 各学年の〔共通事項〕に示す「音楽を形づくっている要素」については,児童の発達の段階や指導のねらいに応じて,次のア及びイから適切に選択したり関連付けたりして指導すること。

ア 音楽を特徴付けている要素
音色,リズム,速度,旋律,強弱,音の重なり,和音の響き,音階,調,拍,フレーズなど

イ 音楽の仕組み
反復,呼びかけとこたえ,変化,音楽の縦と横との関係など

付録7

⑼ 各学年の〔共通事項〕の⑴のイに示す「音符,休符,記号や用語」については,児童の学習状況を考慮して,次に示すものを音楽における働きと関わらせて理解し,活用できるよう取り扱うこと。

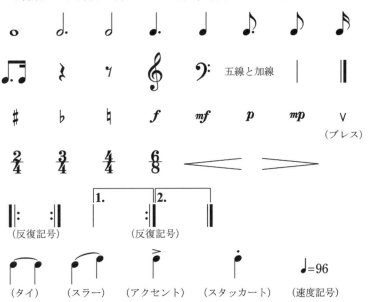

中学校学習指導要領 第3章 特別の教科 道徳

● 第1 目標

第1章総則の第1の2の(2)に示す道徳教育の目標に基づき，よりよく生きるための基盤となる道徳性を養うため，道徳的諸価値についての理解を基に，自己を見つめ，物事を広い視野から多面的・多角的に考え，人間としての生き方についての考えを深める学習を通して，道徳的な判断力，心情，実践意欲と態度を育てる。

● 第2 内容

学校の教育活動全体を通じて行う道徳教育の要である道徳科においては，以下に示す項目について扱う。

A 主として自分自身に関すること

［自主，自律，自由と責任］
　自律の精神を重んじ，自主的に考え，判断し，誠実に実行してその結果に責任をもつこと。

［節度，節制］
　望ましい生活習慣を身に付け，心身の健康の増進を図り，節度を守り節制に心掛け，安全で調和のある生活をすること。

［向上心，個性の伸長］
　自己を見つめ，自己の向上を図るとともに，個性を伸ばして充実した生き方を追求すること。

［希望と勇気，克己と強い意志］
　より高い目標を設定し，その達成を目指し，希望と勇気をもち，困難や失敗を乗り越えて着実にやり遂げること。

［真理の探究，創造］
　真実を大切にし，真理を探究して新しいものを生み出そうと努めること。

B 主として人との関わりに関すること

［思いやり，感謝］
　思いやりの心をもって人と接するとともに，家族などの支えや多くの人々の善意により日々の生活や現在の自分があることに感謝し，進んでそれに応え，人間愛の精神を深めること。

［礼儀］
　礼儀の意義を理解し，時と場に応じた適切な言動をとること。

［友情，信頼］
　友情の尊さを理解して心から信頼できる友達をもち，互いに励まし合い，高め合うとともに，異性についての理解を深め，悩みや葛藤も経験しながら人間関係を深めていくこと。

［相互理解，寛容］
　自分の考えや意見を相手に伝えるとともに，それぞれの個性や立場を尊重し，いろいろなものの見方や考え方があることを理解し，寛容の心をもって謙虚に他に学び，自らを高めていくこと。

C 主として集団や社会との関わりに関すること

［遵法精神，公徳心］
　法やきまりの意義を理解し，それらを進んで守るとともに，そのよりよい在り方について考え，自他の権利を大切にし，義務を果たして，規律ある安定した社会の実現に努めること。

［公正，公平，社会正義］
　正義と公正さを重んじ，誰に対しても公平に接し，差別や偏見のない社会の実現に努めること。
［社会参画，公共の精神］
　社会参画の意識と社会連帯の自覚を高め，公共の精神をもってよりよい社会の実現に努めること。
［勤労］
　勤労の尊さや意義を理解し，将来の生き方について考えを深め，勤労を通じて社会に貢献すること。
［家族愛，家庭生活の充実］
　父母，祖父母を敬愛し，家族の一員としての自覚をもって充実した家庭生活を築くこと。
［よりよい学校生活，集団生活の充実］
　教師や学校の人々を敬愛し，学級や学校の一員としての自覚をもち，協力し合ってよりよい校風をつくるとともに，様々な集団の意義や集団の中での自分の役割と責任を自覚して集団生活の充実に努めること。
［郷土の伝統と文化の尊重，郷土を愛する態度］
　郷土の伝統と文化を大切にし，社会に尽くした先人や高齢者に尊敬の念を深め，地域社会の一員としての自覚をもって郷土を愛し，進んで郷土の発展に努めること。
［我が国の伝統と文化の尊重，国を愛する態度］
　優れた伝統の継承と新しい文化の創造に貢献するとともに，日本人としての自覚をもって国を愛し，国家及び社会の形成者として，その発展に努めること。
［国際理解，国際貢献］
　世界の中の日本人としての自覚をもち，他国を尊重し，国際的視野に立って，世界の平和と人類の発展に寄与すること。
D　主として生命や自然，崇高なものとの関わりに関すること
［生命の尊さ］
　生命の尊さについて，その連続性や有限性なども含めて理解し，かけがえのない生命を尊重すること。
［自然愛護］
　自然の崇高さを知り，自然環境を大切にすることの意義を理解し，進んで自然の愛護に努めること。
［感動，畏敬の念］
　美しいものや気高いものに感動する心をもち，人間の力を超えたものに対する畏敬の念を深めること。
［よりよく生きる喜び］
　人間には自らの弱さや醜さを克服する強さや気高く生きようとする心があることを理解し，人間として生きることに喜びを見いだすこと。

第3　指導計画の作成と内容の取扱い

1　各学校においては，道徳教育の全体計画に基づき，各教科，総合的な学習の時間及び特別活動との関連を考慮しながら，道徳科の年間指導計画を作成するものとする。なお，作成に当たっては，第2に示す内容項目について，各学年において全て取り上げることとする。その際，生徒や学校の実態に応じ，3学年間を見通した重点的な指導や内容項目間の関連を密にした指導，一つ

の内容項目を複数の時間で扱う指導を取り入れるなどの工夫を行うものとする。
2　第2の内容の指導に当たっては，次の事項に配慮するものとする。
(1)　学級担任の教師が行うことを原則とするが，校長や教頭などの参加，他の教師との協力的な指導などについて工夫し，道徳教育推進教師を中心とした指導体制を充実すること。
(2)　道徳科が学校の教育活動全体を通じて行う道徳教育の要としての役割を果たすことができるよう，計画的・発展的な指導を行うこと。特に，各教科，総合的な学習の時間及び特別活動における道徳教育としては取り扱う機会が十分でない内容項目に関わる指導を補うことや，生徒や学校の実態等を踏まえて指導をより一層深めること，内容項目の相互の関連を捉え直したり発展させたりすることに留意すること。
(3)　生徒が自ら道徳性を養う中で，自らを振り返って成長を実感したり，これからの課題や目標を見付けたりすることができるよう工夫すること。その際，道徳性を養うことの意義について，生徒自らが考え，理解し，主体的に学習に取り組むことができるようにすること。また，発達の段階を考慮し，人間としての弱さを認めながら，それを乗り越えてよりよく生きようとすることのよさについて，教師が生徒と共に考える姿勢を大切にすること。
(4)　生徒が多様な感じ方や考え方に接する中で，考えを深め，判断し，表現する力などを育むことができるよう，自分の考えを基に討論したり書いたりするなどの言語活動を充実すること。その際，様々な価値観について多面的・多角的な視点から振り返って考える機会を設けるとともに，生徒が多様な見方や考え方に接しながら，更に新しい見方や考え方を生み出していくことができるよう留意すること。
(5)　生徒の発達の段階や特性等を考慮し，指導のねらいに即して，問題解決的な学習，道徳的行為に関する体験的な学習等を適切に取り入れるなど，指導方法を工夫すること。その際，それらの活動を通じて学んだ内容の意義などについて考えることができるようにすること。また，特別活動等における多様な実践活動や体験活動も道徳科の授業に生かすようにすること。
(6)　生徒の発達の段階や特性等を考慮し，第2に示す内容との関連を踏まえつつ，情報モラルに関する指導を充実すること。また，例えば，科学技術の発展と生命倫理との関係や社会の持続可能な発展などの現代的な課題の取扱いにも留意し，身近な社会的課題を自分との関係において考え，その解決に向けて取り組もうとする意欲や態度を育てるよう努めること。なお，多様な見方や考え方のできる事柄について，特定の見方や考え方に偏った指導を行うことのないようにすること。
(7)　道徳科の授業を公開したり，授業の実施や地域教材の開発や活用などに家庭や地域の人々，各分野の専門家等の積極的な参加や協力を得たりするなど，家庭や地域社会との共通理解を深め，相互の連携を図ること。
3　教材については，次の事項に留意するものとする。
(1)　生徒の発達の段階や特性，地域の実情等を考慮し，多様な教材の活用に努めること。特に，生命の尊厳，社会参画，自然，伝統と文化，先人の伝記，スポーツ，情報化への対応等の現代的な課題などを題材とし，生徒が問題意識をもって多面的・多角的に考えたり，感動を覚えたりするような充実した教材の開発や活用を行うこと。
(2)　教材については，教育基本法や学校教育法その他の法令に従い，次の観点に照らし適切と判断されるものであること。
　ア　生徒の発達の段階に即し，ねらいを達成するのにふさわしいものであること。
　イ　人間尊重の精神にかなうものであって，悩みや葛藤等の心の揺れ，人間関係の理解等の課題も含め，生徒が深く考えることができ，人間としてよりよく生きる喜びや勇気を与えられるものであること。
　ウ　多様な見方や考え方のできる事柄を取り扱う場合には，特定の見方や考え方に偏った取扱

いがなされていないものであること。
4　生徒の学習状況や道徳性に係る成長の様子を継続的に把握し，指導に生かすよう努める必要が
　ある。ただし，数値などによる評価は行わないものとする。

付録8

「道徳の内容」の学年段階・学校段階の一覧表

	小学校第1学年及び第2学年(19)	小学校第3学年及び第4学年(20)
A 主として自分自身に関すること		
善悪の判断,自律,自由と責任	(1)よいことと悪いこととの区別をし,よいと思うことを進んで行うこと。	(1)正しいと判断したことは,自信をもって行うこと。
正直,誠実	(2)うそをついたりごまかしをしたりしないで,素直に伸び伸びと生活すること。	(2)過ちは素直に改め,正直に明るい心で生活すること。
節度,節制	(3)健康や安全に気を付け,物や金銭を大切にし,身の回りを整え,わがままをしないで,規則正しい生活をすること。	(3)自分でできることは自分でやり,安全に気を付け,よく考えて行動し,節度のある生活をすること。
個性の伸長	(4)自分の特徴に気付くこと。	(4)自分の特徴に気付き,長所を伸ばすこと。
希望と勇気,努力と強い意志	(5)自分のやるべき勉強や仕事をしっかりと行うこと。	(5)自分でやろうと決めた目標に向かって,強い意志をもち,粘り強くやり抜くこと。
真理の探究		
B 主として人との関わりに関すること		
親切,思いやり	(6)身近にいる人に温かい心で接し,親切にすること。	(6)相手のことを思いやり,進んで親切にすること。
感謝	(7)家族など日頃世話になっている人々に感謝すること。	(7)家族など生活を支えてくれている人々や現在の生活を築いてくれた高齢者に,尊敬と感謝の気持ちをもって接すること。
礼儀	(8)気持ちのよい挨拶,言葉遣い,動作などに心掛けて,明るく接すること。	(8)礼儀の大切さを知り,誰に対しても真心をもって接すること。
友情,信頼	(9)友達と仲よくし,助け合うこと。	(9)友達と互いに理解し,信頼し,助け合うこと。
相互理解,寛容		(10)自分の考えや意見を相手に伝えるとともに,相手のことを理解し,自分と異なる意見も大切にすること。
C 主として集団や社会との関わりに関すること		
規則の尊重	(10)約束やきまりを守り,みんなが使う物を大切にすること。	(11)約束や社会のきまりの意義を理解し,それらを守ること。
公正,公平,社会正義	(11)自分の好き嫌いにとらわれないで接すること。	(12)誰に対しても分け隔てをせず,公正,公平な態度で接すること。
勤労,公共の精神	(12)働くことのよさを知り,みんなのために働くこと。	(13)働くことの大切さを知り,進んでみんなのために働くこと。
家族愛,家庭生活の充実	(13)父母,祖父母を敬愛し,進んで家の手伝いなどをして,家族の役に立つこと。	(14)父母,祖父母を敬愛し,家族みんなで協力し合って楽しい家庭をつくること。
よりよい学校生活,集団生活の充実	(14)先生を敬愛し,学校の人々に親しんで,学級や学校の生活を楽しくすること。	(15)先生や学校の人々を敬愛し,みんなで協力し合って楽しい学級や学校をつくること。
伝統と文化の尊重,国や郷土を愛する態度	(15)我が国や郷土の文化と生活に親しみ,愛着をもつこと。	(16)我が国や郷土の伝統と文化を大切にし,国や郷土を愛する心をもつこと。
国際理解,国際親善	(16)他国の人々や文化に親しむこと。	(17)他国の人々や文化に親しみ,関心をもつこと。
D 主として生命や自然,崇高なものとの関わりに関すること		
生命の尊さ	(17)生きることのすばらしさを知り,生命を大切にすること。	(18)生命の尊さを知り,生命あるものを大切にすること。
自然愛護	(18)身近な自然に親しみ,動植物に優しい心で接すること。	(19)自然のすばらしさや不思議さを感じ取り,自然や動植物を大切にすること。
感動,畏敬の念	(19)美しいものに触れ,すがすがしい心をもつこと。	(20)美しいものや気高いものに感動する心をもつこと。
よりよく生きる喜び		

付録9

小学校第5学年及び第6学年(22)	中学校(22)	
(1)自由を大切にし,自律的に判断し,責任のある行動をすること。	(1)自律の精神を重んじ,自主的に考え,判断し,誠実に実行してその結果に責任をもつこと。	自主,自律,自由と責任
(2)誠実に,明るい心で生活すること。		
(3)安全に気を付けることや,生活習慣の大切さについて理解し,自分の生活を見直し,節度を守り節制に心掛けること。	(2)望ましい生活習慣を身に付け,心身の健康の増進を図り,節度を守り節制に心掛け,安全で調和のある生活をすること。	節度,節制
(4)自分の特徴を知って,短所を改め長所を伸ばすこと。	(3)自己を見つめ,自己の向上を図るとともに,個性を伸ばして充実した生き方を追求すること。	向上心,個性の伸長
(5)より高い目標を立て,希望と勇気をもち,困難があってもくじけずに努力して物事をやり抜くこと。	(4)より高い目標を設定し,その達成を目指し,希望と勇気をもち,困難や失敗を乗り越えて着実にやり遂げること。	希望と勇気,克己と強い意志
(6)真理を大切にし,物事を探究しようとする心をもつこと。	(5)真実を大切にし,真理を探究して新しいものを生み出そうと努めること。	真理の探究,創造
(7)誰に対しても思いやりの心をもち,相手の立場に立って親切にすること。	(6)思いやりの心をもって人と接するとともに,家族などの支えや多くの人々の善意により日々の生活や現在の自分があることに感謝し,進んでそれに応え,人間愛の精神を深めること。	思いやり,感謝
(8)日々の生活が家族や過去からの多くの人々の支え合いや助け合いで成り立っていることに感謝し,それに応えること。		
(9)時と場をわきまえて,礼儀正しく真心をもって接すること。	(7)礼儀の意義を理解し,時と場に応じた適切な言動をとること。	礼儀
(10)友達と互いに信頼し,学び合って友情を深め,異性についても理解しながら,人間関係を築いていくこと。	(8)友情の尊さを理解して心から信頼できる友達をもち,互いに励まし合い,高め合うとともに,異性についての理解を深め,悩みや葛藤も経験しながら人間関係を深めていくこと。	友情,信頼
(11)自分の考えや意見を相手に伝えるとともに,謙虚な心をもち,広い心で自分と異なる意見や立場を尊重すること。	(9)自分の考えや意見を相手に伝えるとともに,それぞれの個性や立場を尊重し,いろいろなものの見方や考え方があることを理解し,寛容の心をもって謙虚に他に学び,自らを高めていくこと。	相互理解,寛容
(12)法やきまりの意義を理解した上で進んでそれらを守り,自他の権利を大切にし,義務を果たすこと。	(10)法やきまりの意義を理解し,それらを進んで守るとともに,そのよりよい在り方について考え,自他の権利を大切にし,義務を果たして,規律ある安定した社会の実現に努めること。	遵法精神,公徳心
(13)誰に対しても差別をすることや偏見をもつことなく,公正,公平な態度で接し,正義の実現に努めること。	(11)正義と公正さを重んじ,誰に対しても公平に接し,差別や偏見のない社会の実現に努めること。	公正,公平,社会正義
(14)働くことや社会に奉仕することの充実感を味わうとともに,その意義を理解し,公共のために役に立つことをすること。	(12)社会参画の意識と社会連帯の自覚を高め,公共の精神をもってよりよい社会の実現に努めること。	社会参画,公共の精神
	(13)勤労の尊さや意義を理解し,将来の生き方について考えを深め,勤労を通じて社会に貢献すること。	勤労
(15)父母,祖父母を敬愛し,家族の幸せを求めて,進んで役に立つことをすること。	(14)父母,祖父母を敬愛し,家族の一員としての自覚をもって充実した家庭生活を築くこと。	家族愛,家庭生活の充実
(16)先生や学校の人々を敬愛し,みんなで協力し合ってよりよい学級や学校をつくるとともに,様々な集団の中での自分の役割を自覚して集団生活の充実に努めること。	(15)教師や学校の人々を敬愛し,学級や学校の一員としての自覚をもち,協力し合ってよりよい校風をつくるとともに,様々な集団の意義や集団の中での自分の役割と責任を自覚して集団生活の充実に努めること。	よりよい学校生活,集団生活の充実
(17)我が国や郷土の伝統と文化を大切にし,先人の努力を知り,国や郷土を愛する心をもつこと。	(16)郷土の伝統と文化を大切にし,社会に尽くした先人や高齢者に尊敬の念を深め,地域社会の一員としての自覚をもって郷土を愛し,進んで郷土の発展に努めること。	郷土の伝統と文化の尊重,郷土を愛する態度
	(17)優れた伝統の継承と新しい文化の創造に貢献するとともに,日本人としての自覚をもって国を愛し,国家及び社会の形成者として,その発展に努めること。	我が国の伝統と文化の尊重,国を愛する態度
(18)他国の人々や文化について理解し,日本人としての自覚をもって国際親善に努めること。	(18)世界の中の日本人としての自覚をもち,他国を尊重し,国際的視野に立って,世界の平和と人類の発展に寄与すること。	国際理解,国際貢献
(19)生命が多くの生命のつながりの中にあるかけがえのないものであることを理解し,生命を尊重すること。	(19)生命の尊さについて,その連続性や有限性なども含めて理解し,かけがえのない生命を尊重すること。	生命の尊さ
(20)自然の偉大さを知り,自然環境を大切にすること。	(20)自然の崇高さを知り,自然環境を大切にすることの意義を理解し,進んで自然の愛護に努めること。	自然愛護
(21)美しいものや気高いものに感動する心や人間の力を超えたものに対する畏敬の念をもつこと。	(21)美しいものや気高いものに感動する心をもち,人間の力を超えたものに対する畏敬の念を深めること。	感動,畏敬の念
(22)よりよく生きようとする人間の強さや気高さを理解し,人間として生きる喜びを感じること。	(22)人間には自らの弱さや醜さを克服する強さや気高く生きようとする心があることを理解し,人間として生きることに喜びを見いだすこと。	よりよく生きる喜び

付録9

学習指導要領等の改善に係る検討に必要な専門的作業等協力者（五十音順）

（職名は平成29年6月現在）

伊 野 義 博	新潟大学教授
上 野 正 直	熊本県熊本市立北部中学校長
内 田 有 一	茨城県龍ケ崎市立長山小学校教頭
大 熊 信 彦	群馬県立太田女子高等学校長
小 熊 利 明	埼玉県教育委員会西部教育事務所主席指導主事
勝 山 幸 子	東京都港区立六本木中学校主任教諭
薦 田 治 子	武蔵野音楽大学教授
齊 藤 忠 彦	信州大学教授
佐 藤 太 一	埼玉大学教育学部附属中学校教諭
白 石 文 子	岩手大学准教授
鈴 木 昌 和	公益財団法人南観音山保存会囃子方
	グンゼ株式会社執行役員QOL研究所長
副 島 和 久	佐賀県教育センター研究課長
西 澤 真 一	長野県松川村立松川中学校教頭
畑 　 真 子	滋賀県草津市教育委員会学校教育課参事
薬 袋 　 貴	山梨県昭和町立押原中学校教頭
山 下 敦 史	北海道札幌市教育委員会指導主事

なお，文部科学省においては，次の者が本書の編集に当たった。

合 田 哲 雄	初等中等教育局教育課程課長
平 野 　 誠	大臣官房教育改革調整官
小 林 　 努	初等中等教育局教育課程課課長補佐
臼 井 　 学	初等中等教育局教育課程課教科調査官